밀알서원 (Wheat Berry Books)은 CLC가 공동으로 운영하는 복음주의 출판사로서 신앙생활과 기독교문화를 위한 설교, 시, 수필, 간증, 선교·경건서적 등을 출판하고 있습니다.

추천의 글

이 근 호 목사
우리교회 담임

세상은 그대로인데 사람이 달라졌다는 것은 그 세상을 보는 관점이 바뀌었다는 것을 의미합니다. 참으로 '거듭났다'고 주장하려면, 이는 예수님의 관점을 장착한 사람에게만 해당됩니다. 예수님의 관점은 '자유'입니다.

> 주는 영이시니 주의 영이 계신 곳에는 자유함이 있느니라 (고후 3:17).

예수님은 이 세상에서 '자유'를 보여 주셨습니다. 법에 얽매이지 않는 자유, 죽음으로부터의 자유, 죄로부터의 자유, 그리고 저주와 심판으로부터 자유를 말씀하셨습니다.
그런데 예수님은 세상으로부터 버림을 당했습니다. 이는 인간 세상이 '자유'를 무서워하기 때문입니다. 자유함에 겁내고 있기 때문입니다. 죽음에 벌벌 떨고, 저주에 벌벌 떨고, 법에 벌벌 떨고, 남들의 평가에 벌벌 떨고 있습니다.
자유 안에는 수치가 없습니다. 하지만, 성도는 '수치 없음'으로 인해 도리어 세상으로부터 버림을 당합니다. 이것이 '버림받은 돌만이 하나님의 돌'이 된다는 원리입니다.

> 보라 내가 택한 보배롭고 요긴한 모퉁이 돌을 시온에 두노니 저를 믿는 자는 부끄러움을 당치 아니하리라 그러므로 믿는 너희에게는 보배이나 믿지 아니하는 자에게는 건축자들의 버린 그 돌이 모퉁이의 머릿돌이 되고… (벧전 2:6-7).

이 책의 저자이신 이명직 목사님은 자신의 '관점 바꿈'을 여러 사람과 공유하고 싶어 하십니다. 그래서 수줍게 이 책을 낸다고 했습니다.

'수치를 당하지 않는' 부류와 '수치를 당해야 될' 부류가 어떤 차이가 있는지 이 책을 통해 나타나기를 고대하면서 감히 이 책을 추천합니다.

2019년 어느 여름날

두려움 없어라

There is no fear in love
Written by Myoungjik Lee
All rights reserved.
Korean Edition Copyright ⓒ 2019 by Wheat Berry Books, Seoul, Korea

두려움 없어라

2019년 12월 20일 초판 발행

지은이	|	이명직

편집	|	박민구
디자인	|	김진영, 전지혜
펴낸곳	|	도서출판 밀알서원
등록	|	제21-44호(1988. 8. 12.)
주소	|	서울특별시 서초구 방배로 68
전화	|	02-586-8761~3(본사) 031-942-8761(영업부)
팩스	|	02-523-0131(본사) 031-942-8763(영업부)
이메일	|	clckor@gmail.com
홈페이지	|	www.clcbook.com
송금계좌	|	기업은행 073-085404-01-017 예금주: 밀알서원

ISBN 978-89-7135-104-8(03230)

이 도서의 국립중앙도서관 출판예정도서목록(CIP)은
서지정보유통지원시스템 홈페이지(http://seoji.nl.go.kr)와 국가자료공동목록시스템
(http://www.nl.go.kr/kolisnet)에서 이용하실 수 있습니다.
(CIP제어번호: 2019044040)

이 책의 저작권은 저자와 도서출판 밀알서원이 소유합니다. 신저작권법에 의하여 한국 내에서 보호받는 저작물이므로 무단 전재와 무단 복제를 금합니다.

There is no fear in Love

두려움 없어라

이명직 지음

천국을 산다는 것은
누가 주인공인지 안다는 것입니다

밀알서원

목차

추천의 글   1
이 근 호 목사_ 우리교회 담임

머리글   10

사실   12
십자가   13
도움이 되지 않는 복음   15
용서한 후에   17
죄의 시작   19
눈   21
진짜 나   23
나의 악함   26
자아의 죽음   28
믿음   29
변화   31
복음은 고발   33
빛   35
사랑   37
소원   39
개꿈   41

수용	42
주께서 하신 일	44
소유권 이전	46
반복	48
소중한 피	50
있음과 없음	52
성경 안에는	54
자존심	56
장래 일	57
고민	58
은혜	59
자아	60
사는 이유	62
전도	64
사람	67
뒷북	69
예수님의 희생	70
해답	72
억울함	74
허무함의 기쁨	76
하나님은 사랑	77
주인공	78
1+0+1=2	80
싸움	82
오프라인	84
환경	86
초상집	88

재림	90
두려워할 자	92
그냥 사세요	93
두 민족	95
불행	97
하루만 사십시오	99
흔들림	100
성화	102
성전	104
차후	106
자유	108
죄를 지어라	110
질문	112
사기꾼	114
고생	116
천국은 없다	118
양과 이리	120
오늘 하루	122
눈치	124
지옥	126
가자 집으로	128
연속성과 불연속성	130
쓰레기	132
열매	134
의미	136
종착지	138
통고	139

복음 전도	140
원인	141
승리	142
벌	144
자유함	145
혼자	146
술	147
예상	149
책임	150
이웃 사랑	151
돈	152
구별	153
똥개	154
체험	156
기쁨	157
귀신과 교제	158
고통	160
막 사세요	161
유명	162
죄인 유지	163
예수님만 공경	165
참여	167
복음 선포	168

머리글

이 책의 글들은 저자가 섬기는 복음교회의 성도들이 하루하루 예수님을 생각하며 기억하도록 아침마다 써 온 글들을 모은 것입니다.

이 글들은 저자의 독창적인 글들이 아닙니다. 그리스도 예수 안에서 이미 앞서 좁은 길을 걷고 있는 나그네 된 예수님의 증인들의 가르침과 고백을 나의 것으로 취한 내용들입니다.

그러므로, 책의 모든 내용은 나의 복음입니다.

> 나의 복음과 예수 그리스도를 전파함은 영세 전부터 감추어졌다가 이제는 나타내신 바 되었으며 영원하신 하나님의 명을 따라 선지자들의 글로 말미암아 모든 민족이 믿어 순종하게 하시려고 알게 하신 바 그 신비의 계시를 따라 된 것이니 이 복음으로 너희를 능히 견고하게 하실 지혜로우신 하나님께 예수 그리스도로 말미암아 영광이 세세무궁하도록 있을지어다 아멘
> (롬 16:25-27).

성경에서 계시하는 것은 '예수님의 주되심'이라는 '하나님의 언약'(시 110:1; 요 5:23; 17:3; 롬 11:36; 엡 1:10; 빌 2:9-11)입니다. 그 언약을 안다는 것은 하나님의 영광을 봤다는 것이며, 이 언약을 알아가는 것이 인생이고 신앙이며 영생이 됩니다.

이렇게 편해도 되는 건가?
이것이 안식이고, 자유이구나!

> 수고하고 무거운 짐 진 자들아 다 내게로 오라 내가 너희를 쉬게 하리라(마 11:28).

> 그리스도께서 우리를 자유롭게 하려고 자유를 주셨으니 그러므로 굳건하게 서서 다시는 종의 멍에를 메지 말라(갈 5:1).

이 책에서 말하는 모든 내용은 자유와 안식을 주려는 것입니다. 그런데 그렇게 들리지 않는다면 어쩔 수 없습니다. 귀한 은혜가 있기를 … .

사실

성경이 말하는 바는 예수님께서 죽기 위하여 우리가 태어나야 한다는 것입니다. 이것이 언약의 내용입니다. 그리고 이 사실이 믿어지는 것이 복음입니다. 그래서 복음은 믿을 만하지 않습니다. 아니 못 믿습니다.

그래서 죄가 인간에게 덮쳐 왕 노릇하게 됨으로 사망이 있게 된 것입니다. 인간이 사는 이유는 예수님의 십자가 '죽음'을 알리기 위해서입니다. 이것이 사실입니다.

'이게 무슨 소리인가?'

'그냥 죽으라는 건가?'

소통 불가입니다. 다만 들을 귀 있는 성도에게만 죽음이 시작을 앞선다는 이 사실이 복음이 됩니다.

> 죽임을 당한 어린양의 생명책에 창세 이후로 이름이 기록되지 못하고 이땅에 사는 자들은 다 그 짐승에게 경배하리라(계 13:8).

십자가

구원을 받으려고 하는 것이 죄입니다. 이것이 십자가입니다.

> 여호와 하나님이 이르시되 보라 이 사람이 선악을 아는 일에 우리 중 하나 같이 되었으니 그가 그의 손을 들어 생명 나무 열매도 따먹고 영생할까 하노라 하시고 여호와 하나님이 에덴 동산에서 그를 내보내어 그의 근원이 된 땅을 갈게 하시니라 이같이 하나님이 그 사람을 쫓아내시고 에덴 동산 동쪽에 그룹들과 두루 도는 불 칼을 두어 생명 나무의 길을 지키게 하시니라 (창 3:22-24).

왜 인간은 영생을 얻으려고 할까요?

선악을 모르는 상태에서는 내가 영생할 수 있겠다는 생각으로 생명 나무를 취하려 하지 않았을 것입니다.

뭔가 잘못되었습니다. 본래 피조물은 주신 것 안에서 그냥 살면 되는데 자기 자신의 선악으로 하나님께서 주신 것을 자신에게 좋고 나쁜 것으로 판단을 하게 된 것입니다.

그래서 하나님과 관계없이 생명을 취하려는 상태로 전락하게 된 것입니다. 그러나 하나님께서는 이런 방법으로 생명이 주어지는 것을 허락하지 않으셨기에 인간보다 소중한 생명 나무를 지키신 것입니다.

두루 도는 불칼을 자기 힘으로 뚫고 들어가 생명을 취할 인간은 없습니다. 나는 성령을 받았기에 할 수 있다는 것은 성령세례를 받지 않은 헛소리일 뿐입니다.

생명으로 가는 것은 막으신 길을 열어 주는 것이 아닙니다. 인간의 노림수, 심보, 예상, 아이디어는 절대 통하지 않습니다.

오로지 계시를 통해 언약의 주인공이신 예수 그리스도라는 새롭고 살아 있는 길을 주시는 것입니다.

> 너희가 성경에서 영생을 얻는 줄 생각하고 성경을 연구하거니와 이 성경이 곧 내게 대하여 증언하는 것이니라(요 5:39).

예수님께서 십자가에서 죽으셨습니다!
이 말은 모든 사람은 다 죄인이며 지옥에 가야 한다는 뜻입니다. 이 사실이 십자가인 것입니다.

도움이 되지 않는 복음

복음은 우리에게 도움이 안 됩니다. 복음을 몰랐을 때는 말씀에 열심을 냅니다. 교회나 어느 단체에 빠짐없이 참석하여 최선을 다합니다. 주머니도 탈탈 털고, 이전의 모습에서 벗어나 변화된 말이나 행동을 하게 됩니다.

그 중에 싫증을 잘 내는 사람은 얼마 지나지 않아 본래의 모습으로 돌아가지만 자기가 확신한 일에 가치를 두는 사람들은 끈기 있게 자기 고집을 펼쳐 나갑니다. 주를 위하여, 내가 속한 곳을 위하여 내 목숨을 버리겠다며 맹세, 충성, 봉사를 합니다.

그러다가 복음이 혹시 들리게 되면, 이 모든 것이 자기의 연출, 조작, 거짓이었음을 알게 됩니다.

복음은 우리에게 전혀 도움이 안 됩니다. 그래서 복음을 알고는 이제는 열심을 내거나 목숨을 내놓지 않으려고 합니다. 그 이유는 나에게 돌아올 것 없기 때문입니다.

"나에게 돌아올 것이 없는데, 내가 왜 주를 위해 목숨을 버려?"

이전에 말씀에 열심을 냈던 이유는 내가 옳다 결정한

것이었고, 그것이 재미있었고, 신앙생활을 제대로 하는 것이라 확신을 했는데, 지금은 그것이 다 아니므로 자기가 왜 희생을 해야 하느냐는 것입니다.

처음부터 마귀였습니다. 복음을 끝까지 못 알아듣는 것입니다. 그러나 성령세례를 받은 사람들은 나는 처음부터 내 맘대로 살아온 죄인임을 고백하며 복음과 함께 고난을 받는 자기 부인의 삶을 살게 됩니다.

'나는 아니요, 다 틀렸다!'

오직 그리스도만 옳습니다!

용서한 후에

죄 다음에 용서가 있는 것이 아니라 용서 다음에 죄가 있습니다.

내가 죄인임을 깨닫고 그것을 믿음이란 이름으로 이겨내려고 합니다.

그러나 결국 그 승리를 자랑하게 되면서 자기가 떡하니 남아있게 됩니다.

그것은 아닙니다. 주님의 용서가 먼저 앞선다면 자랑할 자기는 사라지게 됩니다.

용서가 먼저 있습니다. 그리고 그 용서함을 보이기 위해 죄가 발생하고 추후에 지적되는 것입니다.

> 내가 네게 내 언약을 세워 내가 여호와인 줄 네가 알게 하리니 이는 내가 네 모든 행한 일을 용서한 후에 네가 기억하고 놀라고 부끄러워서 다시는 입을 열지 못하게 하려 함이니라 주 여호와의 말씀이니라 (겔 16:62-63).

죄를 지었기에 용서하는 것이 아닙니다. 용서해 주

실 분의 존재가 먼저 계시고, 그분의 심판주 되심과 구원주 되심을 보여 주기 위하여 죄 짓는 사건이 나중 곧, 창세 이후에 터져 버린 것입니다. 이것이 언약의 내용입니다.

죄의 시작

죄의 출발은 하나님의 언약으로부터입니다. 언약이 없으면 죄도 발생되지 않습니다.

언약의 주인공, 언약이 구체화된 분이 예수님이시기에 죄는 예수님과 관련 될 때만 드러납니다.

그래서 인간의 인식으로는 죄를 온전히 알 수가 없습니다. 예수님만이 죄를 온전히 아십니다. 죄는 자신의 원수로 다가오기 때문입니다.

그리고 성령을 받아 언약 안에 들어온 자만이 죄를 알게 됩니다. 그래서 언약을 모르면 죄를 윤리적 개념으로 밖에 이해하지 못하게 됩니다.

하나님의 언약이라는 것은 하나님이 죄를 만들었고, 죄를 짓게 한다는 의미가 아닙니다. 이것은 숨어있는 죄를 드러내신다는 것입니다.

사람들은 말합니다.

'하나님이 죄를 짓게 하니까 죄를 짓자는 것인가?'

'혹 하나님을 죄의 조성자로 만드는 것이 아닌가?'

이처럼 전혀 다른 논점을 가지고 반발을 합니다. 그것은 사실 하나님이 아닙니다.

죄는 십자가의 공로를 헛되게 하는 쪽으로 움직입니다.

바로 예수님을 죽인 바리새인들이 주장하는 의로움이 죄입니다. 내가 하는 그 어떤 것에 가치와 의미를 부여하고, 이것만큼은 성경적이라고 말합니다. 자기 옳음, 의로움을 계속 주장한다면 그것이 바로 지옥의 말입니다.

눈

이에 그들의 눈이 밝아져 자기들이 벗은 줄을 알고 무화과나무 잎을 엮어 치마로 삼았더라(창 3:7).

선악과 열매를 따먹고 아담과 하와는 눈이 밝아졌습니다. 이것은 본래 가지고 있던 눈 말고 또 하나의 눈을 새롭게 갖게 되었다는 것입니다. 자신의 벗은 몸을 바깥에서 이러니 저러니 평가할 수 있는 새로운 눈을 말입니다.

그러면 새로운 눈이 있는 몸은 어디에 있는 것입니까?

그것은 몸이 아닙니다. 이것은 본래 있던 몸에서 발생된 비정상적인 자아를 말하는 것입니다.

바로 새로운 주체입니다. 인간은 범죄를 한 이후에 주체와 대상을 인식하게 됩니다.

만족이 안 되는 자신을 계속해서 평가하고 못살게 구는 주체가 자신의 몸(대상)을 포장하고 치장을 합니다. 이것은 다 거짓입니다.

몸에서 발생된 새로운 눈, 자아, 주체는 거짓 허상입

니다. 인간은 자기 자신에 대해서 주체가 될 수 없습니다. 아무것도 아닌 흙일 뿐입니다.

  자기가 주체인지 알고 오늘도 열심히 자기 존재를 지키는 것이 죄이며 주님께 원수 노릇 하는 것입니다.

  주체는 오직 예수님 한 분 뿐이십니다. 이것이 제대로 보는 것입니다.

진짜 나

예수님을 믿어 새 사람이 되었으면 술, 담배를 끊는 것은 말할 것도 없이 능동적, 적극적으로 하나님을 섬기게 된다. 이전에는 죄인이었지만 이제는 초자연적인 능력인 중생의 역사로 새 사람이 되었으니 늘 죄와 싸우게 되며 그 죄를 이기신 그리스도를 믿으며 살게 된다.

이것이 새 사람의 모습일까요?
이 모습은 어렸을 때부터 세상에서 학습되어 오면서 자기도 모르게 목표가 되어 버린 착한 사람의 이미지 입니다. 혼자의 힘으로는 잘 안 되니까 예수님의 힘을 빌려 더 좋은 사람이 되려는 자기 개발 욕심일 뿐입니다.

새 사람을 들먹이는 이유는 따로 있습니다. 예수님을 죽인 자기 자신을 좋은 이미지로 포장하여 어디서든 괜찮은 존재로 인정을 받고자 합니다.

새 사람은 내가 만들어 낸 상상 속의 산물의 변화

가 아닙니다. 원치 않게 태어났고 원치 않게 죽듯이 나의 소원과는 상관없이 예수님 안으로 빨려 들어온 것입니다.

그렇게 예수님 안으로 들어온 자는 쉴 새 없이 밀려오면서 그분의 용서 속에서 살게 됩니다.

그러나 그렇게 용서를 받은 것이 옛 사람의 반복으로 그 의미를 잠깐 포장하게 됩니다. 그리고 이내 또 다시 '가면 놀이'를 하게 됩니다.

이 가면 놀이는 자기가 새 사람인 것처럼 살던가 아니면 자기가 지은 죄 때문에 죄책감에 시달림으로 그 모습이 나라고 철썩같이 믿습니다. 그리고 자신을 책망하고 얼르고 달래고 치장하는 자아 인식을 말합니다.

그런데 이런 나는 본래 없습니다. 이것은 내가 만들어낸 가짜입니다. 이런 나의 모습이 예수님을 죽인 가해자의 모습입니다.

'예수님을 죽인 가해자.'

이것이 새 사람이며 진짜 나의 모습인 것입니다.

이렇게 새 사람은 본인의 의지나 결단에 의해 만들어지는 것이 아니라 용서 받은 이유를 증거할 그때그때만 생성되는 것입니다.

예수님을 죽인 자, 이것이 참 나의 모습입니다. 이렇게 진짜 내가 발견되는 곳이 바로 예수 안입니다.

예수님은 가해자를 자기 피로 용서하십니다. 새 사람

은 이때 확인됩니다.

늘 옛 사람이 반복되는 현실에서 반복적으로 확인되는 것이 바로 새 사람입니다.

"네가 나 죽였잖아!"

이때만 인간은 의미가 있습니다.

나는 가짜입니다. 진짜 나는 내가 예수님을 죽인 것을 알 때만입니다.

나의 악함

각자 과거나 현재를 통틀어 본인이 얼마나 악한지를 본인만이 잘 알 것입니다.

그러나 아무리 악해도 아직 악함이 될 수 없습니다.

자기 능력으로는 악해질 수 없습니다. 왜냐하면, 인간은 자기 독자적으로 생각하거나 행동할 수 없기 때문입니다. 아직 주님께서 원하는 악함에 미치지 못했습니다. 내가 생각하는 악함은 아직 악함이 될 수 없습니다.

기억하십시오!

주께서 나의 악함과 죄인 됨을 알려 주실 것입니다.

가만히 계십시오!

어디서 죄를 알게 되나요?

바로 예수님의 죽음 앞에서만 죄가 규정됩니다. 곧 나의 옳고 그름이라는 '선악'이 죄입니다. 그것이 악함입니다.

내가 하는 모든 일은 다 죄입니다. 이 글을 쓰는 것도, 아침에 눈을 뜨는 것도, 화장실에 가는 것도, 지금 누구를 쳐다보는 것도, 이야기를 하는 것도, 생각하는 것도 죄입니다.

또한, 열심히 공부를 하고 일을 하는 것도, 밥을 먹고 숨을 쉬는 것도, 종교 생활 하는 것도, 성경 읽고, 기도하고, 설교하고, 내가 신봉하는 신학도, 어떤 깨달음도, 모든 선해 보이는 행함도, 나의 정욕을 충족시키는 모든 행위가 다 죄요, 허무입니다.

이런 말에 분노가 생기면 그 분노로 예수님을 죽이게 됩니다. 이것이 악함입니다. 그러나 성도는 그러한 자신의 악함으로 인하여 상한 심령이 됩니다. 이미 용서받은 자만이 자신의 악함을 알게 되는 것입니다.

자아의 죽음

우리는 죽을 때까지 죄된 육신을 입고 있기 때문에 육신에 의해 발생되는 자아는 항상 있기 마련입니다.

그러나 언약이 덮친 자에게는 그 자아가 허상이며 '죄'임을 알게 됩니다. 그리고 그 자아는 이미 십자가에 못 박혀 죽었음을 알게 되는 것입니다.

여기서 자아가 죽었다는 것은 자아가 사라졌다는 말이 아니라 주께서 십자가의 능력으로 매일같이 죽이시고 또 죽이신다는 말씀인 것입니다. 이렇게 자아는 십자가의 죽음을 증거하기 위하여 계속해서 발생해야만 하는 필수 조건이 되는 것입니다.

이처럼 죽음이 작렬하는 세력 속에서 사는 것을 '자아의 죽음'이라고 합니다. 이것이 내가 그리스도와 함께 십자가에 못 박혔다는 고백인 것입니다.

> 내가 그리스도와 함께 십자가에 못 박혔나니 그런즉 이제는 내가 사는 것이 아니요 오직 내 안에 그리스도께서 사시는 것이라 이제 내가 육체 가운데 사는 것은 나를 사랑하사 나를 위하여 자기 자신을 버리신 하나님의 아들을 믿는 믿음 안에서 사는 것이라 (갈 2:20).

믿음

"결국은 믿지 않고 살아왔네요."

보아도 보지 못하고 들어도 듣지 못했던 복음이 성령세례를 통해 들려지게 되면 반드시 하게 되는 고백입니다.

"결국 믿지 않고 살았구나."

안 믿었죠! 왜냐하면, 자기를 믿어왔기 때문입니다. 출발점 자체가 종교에서 출발을 했습니다. 안 믿고 살아온 것입니다. 인간 본성이 마귀의 종이라서 그동안 내가 믿겠다고 덤벼든 것입니다.

그런데 불가항력적으로 성령이 덮치게 되면 이렇게 드러나게 됩니다.

"내가 안 믿었네! 내가 죄인이네!"

하지만, 성령이 안 덮친 사람은 끝까지 자기가 믿는다고 우깁니다. 자기는 구원을 받았다는 것입니다. 그러나 성령을 받은 사람은 거꾸로 믿음이 없다고 이야기를 합니다.

믿음이 우리 쪽 어디에 있습니까?

다만 자신이 죄인이며, 죄로 인해 죽은 자임을 알게

되는 것이 믿음인 것입니다.

'존재 구원'은 없습니다.

나라는 존재가 없는데 무슨 구원을 논하겠습니까?

오직 영존하시는 예수님께서 일으키시는 사건만 있을 뿐이고 그 사건에 휘말리는 것을 '구원'이라고 합니다.

믿음 없음이 폭로되는 자기 부정이 일어나는 그 현장은 주께서 가지고 오신 믿음이 실행되는 장소입니다.

변화

이 땅에서 숨을 쉬는 동안 나에게 변화가 일어나지 않는다면 결단코 천국에 들어갈 수 없습니다.

그 변화는 뭐겠습니까?

일반적으로는 본질이 바뀌는 것이라고 이야기 합니다. 그러나 사람의 본질은 절대 바뀌지 않습니다.

본질이 바뀐 사람을 본 적이 있습니까?

사람은 변하지 않습니다.

그러면 천국에 들어갈 만한 변화는 무엇일까요?

그것은 천국의 합당한 몸으로 바뀌는 변화입니다.

천국은 아들의 나라입니다. 하나님의 아들이신 예수님께서 주인이 되는 나라입니다.

세상 죄를 지고 가는 어린양이 주가 되시는 곳, 어린양에게 면류관을 돌려드리는 곳이 천국입니다.

> 이십사 장로들이 보좌에 앉으신 이 앞에 엎드려 세세토록 살아 계시는 이에게 경배하고 자기의 관을 보좌 앞에 드리며 이르되(계 4:10).

지금도 마찬가지입니다. 예수님의 피만 자랑하지 않는다면 천국에 못 간다는 이야기입니다. 예수님의 피만 자랑하는 것이 천국의 합당한 몸으로 바뀐 것이며 이 땅으로부터 천국을 맛보는 것입니다.

피를 바라본다는 것은 나의 죄인 됨을 더욱 깊이 안다는 것이다. 뭘 해도 죄가 되기에 나는 십자가 외에는 결코 자랑할 것이 아무것도 없다는 것입니다.

이것이 나에게서 벗어나는 변화입니다.

복음은 고발

복음을 알아가면서 말씀을 더욱 보게 됩니다. 이전에는 어떤 의무감으로 성경을 뒤적거렸다면 이제는 말씀이 정말 그러한가 하여 상고합니다. 말씀을 자꾸 보라는 이유는 이 말씀이 우리를 더욱 더 죄인으로 드러나게 만들기 때문입니다.

"아! 믿을 분은 십자가에 달리신 예수님밖에 없구나! 십자가를 증거하기 위하여 나를 이런 죄인으로 드러나게 하셔서 끝까지 인도해 가시는구나!"

그것을 알라고 말씀을 주시고 읽으라는 것입니다.

말씀을 보지 않으면 "나는 아니오!"라는 것이 안 나옵니다.

"돈을 사랑하지 말라"(딤전 6:10)고 말하셨다면 '난 돈밖에 모르는 놈이구나!'를 고발하는 것이고, "이웃을 네 몸과 같이 사랑하라"(마 22:39)고 하셨다면 나만 사랑하고 주위에는 관심이 없다는 것을 알라는 것입니다.

그렇게 돈밖에 모르고 나밖에 모르는 죄인을 위해 대신 피 흘려 죽으신 예수님의 은혜에 감사하는 것입니다. 그것이 바로 말씀으로 말미암는 은혜인 것입니다.

'어떻게 돈을 사랑하지 않을까?'
'이웃을 어떻게 섬길까?'
'무엇을 행해서 하나님께 영광 돌릴까?'
이것은 접근을 달리한 잘못된 생각, 해석입니다.
성경은 우리의 행위를 촉구하는 내용이 아니라 예수 그리스도의 대속의 피를 증거하는 하나님의 말씀입니다. 이렇게 "너는 너밖에 모른다! 너는 너만 생각하는구나!"라고 고발하는 것이 복음입니다.

빛

빛이 비치면 어두움은 더욱 극명하게 드러나게 됩니다.

그리스도의 빛이 비치게 되면 죄인이 생각하는 바람이나 변화가 생기는 것이 아니라 죄인인 것이 드러나게 되는 것입니다.

그렇게 죄인이 되어서 그리스도의 긍휼과 은혜, 사랑을 구하는 것은 이미 빛이 비쳤기 때문입니다.

여기서 자신이 죄인임을 안다는 것은 빛이 비쳤을 때만 아는 것이지 단지 자신의 행위를 보고 아는 것이 아닙니다.

죄를 규정하는 기준은 인간 세상에서는 알아낼 수 없는 것이며 우리는 죄를 지을 자격도 없습니다.

죄의 기준은 더욱 본질적인 것에 있습니다. 즉, 자기를 위하여, 자기가 있다고 여기면서 살아가는 겁니다. 그래서 이것을 하든지 저것을 하든지, 교회에 나오든지 교회 안 나오든지 자기만을 위하는 것이 여전하다면 죄를 짓고 있는 것입니다.

이러한 사실이 발생한다면 빛으로 말미암은 것입니

다. 그렇기 때문에 성도는 늘 상한 심령이 되며 주님의 긍휼만이 가장 큰 소망이 됩니다. 그래서 이것을 하든지 저것을 하든지 그저 감사만 있게 되는 것입니다.

   이것이 빛의 자녀다운 모습입니다. 예수님만 반짝반짝 빛나면 됩니다.

사랑

성도는 믿음으로 살고 그 믿음에는 반드시 행함이 나오게 되어 있습니다. 그 행함은 바로 '사랑'입니다. 그런데 여기서 행함은 나로부터 나오는 행위를 이야기하는 것이 아닙니다. 인간에게는 절대로 사랑이라는 행위가 나올 수 없습니다.

인간에게 나오는 것은 온통 죄밖에 없습니다. 그래서 성도에게는 행함이 아니라 사랑이 나오는 것입니다.

사랑이 나온다는 것은 죄인인 우리를 용서하시는 예수 그리스도가 나타난다는 의미입니다.

성경이 말하는 '행함'은 바로 이런 행함입니다. 다시 말하면 성도에게는 행함이 아니라 사랑이 나옵니다. 그 사랑은 바로 죄인인 나를 용서하심을 말합니다. 주님의 용서하심이 나오는 자가 바로 성도입니다. 그것이 바로 사랑으로써 역사하는 믿음입니다.

그리스도 예수 안에서는 할례나 무할례가 효력이 없 되 사랑으로써 역사하는 믿음뿐이니라 (갈 5:6).

두부를 만들 때 콩을 촘촘한 천으로 싸서 짜면 콩물이 삐져나오듯이, 주님께서 성도인 우리라는 천으로 꼭 짜실 때 사랑이 삐져나오는 것입니다. 바로 우리에게 오늘도 내가 어떠한 죄인인지 비틀어 꽉 짜서 알게 하심으로 그 용서하시는 사랑이 나오게 하십니다.

왼손이 하는 일을 오른손이 모르게 하라(마 6:3).

마음속으로 간음하지 말라(마 5:27).

무릇 더러운 말은 입 밖에 내지도 말라(엡 4:29).

형제를 바보라고 욕하지 말라(마 5:22).

하나님의 말씀은 오늘도 쉴 새 없이 사건을 유발시키셔서 우리로 그 어떤 것도 자랑하지 못하도록 하여 우리가 죄인 괴수임을 알게 하실 것입니다. 그리고 사랑만 나오게 하실 것입니다.

소원

바울의 소원은 죽는 것이었습니다. 어서 빨리 죽는 것이 소원이었습니다. 그래서 바울은 만약 죽을병에 걸렸다면 드디어 세상에서 제대한다는 생각에 기뻐했을 것입니다.

그러나 예수님의 소원인 복음 전파가 바울 안에서 발산되기에 바울은 스스로 죽을 수가 없는 것입니다. 그래서 바울은 어서 떠나고 싶은 세상에서 복음으로 봉사의 삶을 살고 있는 것입니다.

우리의 남은 인생은 주님께서 죽여 주시는 삶입니다. 죽여줌, 그것이 복음 전파입니다.

내가 먼저 의지를 발동시켜 죽겠다고 할 필요는 없습니다. 가만히 있어도 죽습니다. 그것도 처참하게, 예상보다 더 처참하게 … .

나의 허상인 자존심과 명예와 연민이 날아가 버려야 하기 때문입니다.

그렇게 그냥 살면서 죽어가는 사람이 복음에 합당한 삶을 살고 있는 것입니다. 그런데 평범한 것이 싫어서 나 살아 보겠다고 나대고 설치는 사람은 지옥불 가운데

서도 정신을 못 차릴 것입니다.

평범한 것이 비범한 것입니다. 오늘도 그냥 삽시다. 우리와 같은 죄인이 살아 있는 것만으로도 기적입니다. 이것이 죽음을 소원으로 둔 사람의 모습입니다.

> 이는 내게 사는 것이 그리스도니 죽는 것도 유익함이라 그러나 만일 육신으로 사는 이것이 내 일의 열매일진대 무엇을 택해야 할는지 나는 알지 못하노라 내가 그 둘 사이에 끼었으니 차라리 세상을 떠나서 그리스도와 함께 있는 것이 훨씬 더 좋은 일이라 그렇게 하고 싶으나 내가 육신으로 있는 것이 너희를 위하여 더 유익하리라(빌 1:21-24).

개꿈

인간의 현실은 상상일 뿐입니다. 상상이라는 말은 개꿈이라는 말입니다. 그냥 하나의 망상일 뿐입니다.

'망상'이란 근거가 없는 주관적인 신념, 사실의 경험이나 논리에 의하여 정정되지 아니한 믿음, 망령된 생각을 뜻합니다.

이 세상에 나와 관련된 일은 먼지 한 톨도 없습니다. 모든 일은 예수님과 관련되어서만 생겨날 뿐입니다.

그래서 나의 이익과 손해를 논할 수도, 그 어디에 가도 원망을 할 수가 없습니다.

그 어떤 사소한 일도 십자가에서 발생되기 때문입니다. 멍 때리고 있어도, 길에서 모르는 사람과 눈이 마주칠 때도, 누군가와 심하게 다투고 있을 때도 내 인생은 없습니다. 모든 것이 주님의 계획에 포함되어 있을 뿐입니다.

'감히 어디 내 인생이?'

예수님께서 죽으셨습니다. 그리고 다시 살아나셨습니다. 이 사실만이 현실입니다.

수용

하나님께서 귀히 여기시는 사람이 되고 싶습니까?
혹, 사람들이 귀히 여기는 사람이 되고 싶습니까?
이것은 질문 자체가 잘못되었습니다. 그러한 사람이 되고 싶은 것은 정욕에서 비롯된 것입니다.
그냥 사는 겁니다. 억지는 본인만 괴롭게 만들 뿐입니다.
사람이 자기의 생명을 미워하고 잃어버리려 하는 것은 본성상 불가능합니다. 아무리 자신을 자책한다 하더라도 그것이 자기를 미워하는 것은 결코 아닙니다. 그런데 하나님께서는 그렇게 자기의 생명을 미워하는 자를 귀히 여기신다고 말씀하십니다.

> 자기의 생명을 사랑하는 자는 잃어버릴 것이요 이 세상에서 자기의 생명을 미워하는 자는 영생하도록 보전하리라 사람이 나를 섬기려면 나를 따르라 나 있는 곳에 나를 섬기는 자도 거기 있으리니 사람이 나를 섬기면 내 아버지께서 그를 귀히 여기시리라(요 12:25-26).

사람은 정말 마음만 먹으면 못할 것이 없습니다. 다 될 수 있고 어디든지 갈 수 있습니다. 마음만 먹으면 다 할 수 있습니다.

그러나 예수님을 믿고 따르는 것은 내가 하고 싶다고 해서 하는 것이 아니라 그저 수용되는 결과적인 현상인 것입니다. 그래서 믿을 수 없습니다.

자기의 생명이 미워지도록 죄인으로 만들어 버리시고 오직 십자가의 피만 의지하여 피 흘리신 어린양을 따르는 '현재성'이 주님으로부터 수용되는 결과적 현상임을 깨닫고 주님을 찬송하는 자가 하나님께서 귀히 여기시는 사람입니다.

주께서 하신 일

오늘 주님이 우리의 눈을 뜨게 해 주셨습니다. 그래서 우리는 오늘 주님이 하시는 일을 볼 수 있게 되었습니다.

주님을 사랑하는 자들과 아닌 자들이 각각 나뉘어져서 오늘도 전 세계적으로 각자의 삶을 살아갈 것입니다.

주님을 사랑하는 자들은 피해자의 역할, 자기를 사랑하는 자들은 가해자의 역할을 충실히 감당하는 것입니다.

그래서 성도는 모두 피해를 입고 희생을 당하는 고난 가운데 주님의 사랑을 배우고 오직 은혜를 증거하는 증거물로 사용되는 것입니다.

이 고난은 자기 정욕에 미쳐 버린 고통을 즐기는 정신병자들이 쾌락을 즐기는 따위의 것이 아니라 자기의 관심이 삭제되는 하늘 보좌에 이미 앉아서 이 땅에서의 허무함을 느끼는 기쁨인 것입니다.

세상에 대해 관심 끝.
그래서 수도원에 들어간다?

이거 세속적인 겁니다.

'오직 하나님의 일만 해야지?'

이것은 자아 숭배입니다. 그냥 사시면 됩니다. 열심히 일하고, 공부하고, 사람들 만나고, 놀고, 넘어지고 그러면서 "나는 죄인이구나!"를 깨달으면 되는 겁니다.

'다 죄니깐 가만히 있어야지?'

이것도 내가 하는 것입니다. 그냥 사시면 됩니다.

'다 죄니까 막 나가자!'

나가 봤자 거기서 거기입니다. 죄인인 것을 깨달은 자는 이런 사고방식으로 생각을 하지 않습니다. 주님의 궁휼만 구합니다.

"오늘도 이 죄인을 불쌍히 여기소서!"

주께서 하신 일의 결과는 상한 심령입니다.

'그런가요?'

그럼 잘 가고 계신 겁니다.

소유권 이전

하나님의 강압적인 소유권 이전이 덮치게 되면 더 이상 실패라는 상황이 자신에게 해당되지 않게 됩니다.

실패로 인한 탄식은 실패와 성공의 기준을 이미 나 자신이 가지고 있기 때문에 생기는 현상입니다.

그러므로, 성공이니 실패니 하는 기준과 평가는 스스로 내릴 것도 없고 남들이 내리는 것에도 신경을 쓸 필요가 없습니다.

하나님 보시기에 성공은 하나님을 만나도 죽지 않고 살아 있다는 그 사실 하나뿐입니다.

> 그러므로 야곱이 그 곳 이름을 브니엘이라 하였으니 그가 이르기를 내가 하나님과 대면하여 보았으나 내 생명이 보전되었다 함이더라(창 32:30).

자신의 소유권이 하나님께로 넘어간 자는 성공과 실패라는 차원에서 이미 벗어나 있는 자이며, 오직 십자가의 증거물로서 예수님의 작품으로 만들어집니다.

주께선 오늘도 가짜를 들통 나게 하시려고 환난을 주

실 것입니다. 그래서 망신을 주실 것이고 망신도 개망신을 주실 것입니다. 그래야 죄인이 사람이 되기 때문입니다.

아직 입에 풀칠하는 것만으로도, 숨을 쉬는 것만으로도 감사하지 못한다면 더 망신을 당해야 합니다. 주님도 모르면서 다른 사람처럼 따라 부르고 신앙인처럼 흉내 냈던 자들을 대패질하듯이 밀어버리실 것입니다.

그러나 그 나무의 결은 더욱 선명할 것입니다. 깎여 밀릴수록 더 말끔하게 드러날 것입니다.

내 안에 그리스도가!

오늘도 패배한 것처럼 보이고 넘어지고 실패하고 무너져도 십자가만 바라보고 자랑하고 있다면 우리는 예수님의 챔피언 벨트입니다.

반복

오늘도 반복되는 일상이 시작되었습니다.

그렇습니까?

사실은 아닙니다. 반복이기보다는 낯설게 맞이하는 새로운 하루입니다.

복음의 삶은 어제와 단절된 낯선 하루하루입니다. 옆에 가족이, 자주 보는 사람이, 친구가, 직장 동료가, 하물며 자기 자신이 … .

나는 오늘 죽어도 마땅한 죄인인데 그런데도 살아있다는 것은 주의 크신 긍휼입니다.

그러므로, 그 어떤 사람도, 대상도 어제의 익숙함으로 대할 수 없는 것입니다.

그러나 오늘도 반복되는 것이 있습니다. 바로 십자가!

십자가가 반복이 되는 것은 우리의 뜻이 아닙니다. 그것은 성령께서 그렇게 인도하고 계신 것입니다.

죄된 행함이란 없습니다. 그냥 나 자체가 죄가 되기 때문입니다. 그런 나를 죽이시는 말씀은 또한 살려주시는 말씀이 됩니다.

그리고 살려주시는 말씀으로 살았다고 하는 그 인간을 또 죽여 버리시고 또 살려내시고, 또 죽여 버리시고는 또 살려내십니다.

그렇게 30세, 61세, 93세 … . 어느 날 갑자기 세상 떠날 때까지 계속 그 일이 반복되는 것입니다.

그 복된 반복을 보는 것을 십자가가 내 눈앞에 밝히 보인다고 하는 것입니다.

어리석도다 갈라디아 사람들아 예수 그리스도께서 십자가에 못 박히신 것이 너희 눈 앞에 밝히 보이거늘 누가 너희를 꾀더냐(갈 3:1).

오늘도 십자가의 반복, 곧 그분이 죽이시고 살리시는 일 속에서 감사와 찬송만 터져 나오는 언약 백성의 혜택을 누리시길 바랍니다.

소중한 피

삶이 어떻게 꼬이든 상관없이 하나님의 사람은 예수 그리스도와 그가 십자가에 못 박히신 것만 전했습니다.

이것은 단순히 억지 고집을 부리는 것이나 괜히 사람들을 열 받게 하려는 말장난이 아니라 성도들에게 진리의 사랑으로 복음을 전하고 또 전한 것입니다.

교회 안에 수많은 문제를 보며 사도는 단순하게 이래라 저래라 하지 않고 또 다시 복음을 전합니다.

오직 은혜, 오직 예수를 다시 상기시킵니다. 그래서 오직 하나님께 영광으로 이끄시는 성령의 역사는 반복되는 복음 선포를 통해 나타납니다.

당신은 예수를 십자가에 못 박은 가해자, 살인자이며 지금도 그분을 죽이고 있는 마귀의 자식입니다. 그런데 그분은 그 죄까지도 자신의 심장으로 끌어들여서 십자가에 못 박혀 피 흘리시며 심장이 터져 죽으셨습니다.

복음만 평생 들어야 합니다. 그러면서 사는 겁니다.

현재 모든 문제는 복음을 몰라서 그런 겁니다.

"아는데 안 되네."

아니요! 모르는 겁니다.

내가 얼마나 소름끼치고 사악한 죄인인지 몰라서 그런 겁니다. 그런 나를 대신하여 예수님이 십자가에서 피 흘려 죽으셨다고요!

죄를 짓고 안 짓고의 문제가 아닙니다. 또는 하라, 하지 마라의 문제가 아닙니다. 그 대신 주님을 사랑하느냐를 묻고 있습니다. 그 십자가 사랑을 알라는 것입니다. 구원은 관계이지 행위가 아닙니다.

십자가에서 피 흘리신 그 사랑이 나의 삶보다 소중합니다.

있음과 없음

　우린 본래 '없음'인데 '있음'을 흉내내고 있습니다. 삶 전체가 그렇습니다.
　한 번 생각해 보십시오. 어떻게 그러는지 말입니다.
　없는데 있는 척 흉내를 내는 것이 죄입니다. 그것은 거짓이기 때문입니다. 없음은 허상이며 있음은 존재를 뜻합니다.
　예수님 외에는 다 허상입니다. '없음'입니다. 살아서 있는 것처럼 보여도 다 죽어 있는 것이고 허상입니다.
　그런데 은혜가 덮치면 허상을 볼 수 있는 존재가 되는 것입니다. 그렇게 존재가 된 자는 자신의 존재됨을 생각하고 바라기보다 진정한 존재이신 예수님을 증거하는 '기능'을 하게 됩니다.
　다시 말해서, 존재가 아닌 자는 자신의 존재됨만을 생각하고 존재가 된 자는 기능으로서 자신의 존재됨은 생각하지 않는다는 것입니다.
　있음이 되기 위한 노림수로 없음이 아니라 있음을 증거 하기 위한 없음인 것입니다.
　이렇게 세상에는 없음이면서 있음인 줄 아는 자와 자

신이 없음인 줄 아는 있음의 존재가 있습니다. 있음은 자기 존재를 생각하지 않고 해와 달을 보고 기뻐하는 기능적 존재입니다.

거짓된 존재는 자기 존재만 생각하고, 진정한 존재는 외래적인 존재를 생각하게 됩니다. 그 외래적인 존재이신 예수님의 주되심을 드러내는 기능으로 살게 됩니다.

예수님을 위하여 죄인이 된 것을 기뻐하면서, 예수님을 위하여 창조된 해와 달 그리고 모든 것을 보며 감사하면서 … .

> 그것들은 멸망할 것이나 오직 주는 영존할 것이요 그것들은 다 옷과 같이 낡아지리니(히 1:11).

성경 안에는

성경 안에는 우리에게 도움이 되는 구절이 단 한 구절도 없습니다.

그런데 이 성경을 이용한다는 것은 마귀에게 속고 있다는 것이며, 그렇게 드러나는 삶은 율법적인 삶입니다.

율법적인 삶 곧 선악으로 사는 것은 자기를 위해 산다는 것이며, 그 본질은 타락한 생명입니다. 그 타락한 생명을 마귀가 쥐고 있으며 그것으로 율법적 성향이 나타나는 것입니다. 이것이 '죄'입니다.

죄는 바로 율법이라는 자기 선악과 자기 가능성으로 살아가는 것입니다.

성경을 자신의 도움, 발전, 구원의 용도로 써먹는다는 것은 이미 본인이 악마에게 속고 있음을 알지 못한 채 이미 율법적 삶을 살고 있는 것입니다.

성경에서는 사람에 대한 이야기가 없습니다. 예수님만 이야기 하고 있습니다.

주님께서 우리 인생에 개입하시면 우리의 이야기는 없어집니다. 과거까지도 소급하여 내 인생은 단 한 번도 없었음을 우리는 믿음 안에서 새삼 알게 됩니다.

  오로지 예수님을 위한 인생이었고 앞으로도 그렇습니다. 우리는 그렇게 예수님을 위해서 존재하는 것입니다.

  성경 안에는 이렇게 우리 이야기를 멈추고 나보다 소중한 예수님의 이야기가 가득한 복음이 들어 있습니다.

자존심

천국은 공간이 아니라 인격입니다. 그래서 천국은 어디에 있느냐가 아니라 인격으로 물어야 합니다.

천국은 '예수님과 함께'입니다. 그래서 천국이라는 나의 행복을 찾을 것이 아니라 집 없으신 예수님과 같이 사는 것이 천국입니다.

나의 집은 나의 자존심인데 그런 집은 없습니다. 오로지 예수님의 집밖에 없습니다. 예수님의 집에는 오직 예수님의 자존심밖에 없습니다.

> 임금이 손님들을 보러 들어올새 거기서 예복을 입지 않은 한 사람을 보고 이르되 친구여 어찌하여 예복을 입지 않고 여기 들어왔느냐 하니 그가 아무 말도 못하거늘 임금이 사환들에게 말하되 그 손발을 묶어 바깥 어두운 데에 내던지라 거기서 슬피 울며 이를 갈게 되리라 하니라 청함을 받은 자는 많되 택함을 입은 자는 적으니라(마 22:11-14).

예수님의 자존심이 천국입니다.

장래 일

> 형통한 날에는 기뻐하고 곤고한 날에는 되돌아 보아라 이 두 가지를 하나님이 병행하게 하사 사람이 그의 장래 일을 능히 헤아려 알지 못하게 하셨느니라 (전 7:14).

하나님께서는 장래 일을 모르게 하십니다. 만약 알게 하신다면 사람은 철저하게 자기 관리를 하게 될 것입니다. 죄란 자기 관리입니다. 사람은 장래 일을 알 수 없습니다.

그럼 어떻게 하라는 것입니까?

내일 일은 신경 쓰지 말고 그냥 오늘 하루만 살라는 것입니다. 장래는 하나님께 달린 것입니다. 장래는 하나님의 몫입니다. 하나님은 알려 주지 않으십니다. 그것이 알려 주시는 것입니다. 죄인임에도 불구하고 오늘도 하루를 살게 하시는 것은 이미 결과를 받고 사는 것입니다. 구원을 경험하는 것입니다.

오늘 하루만 사는 것이 이미 장래를 살고 있는 것입니다.

고민

지금 나에게 고민이 되는 문제는 내가 원하는 대로 하시면 됩니다. 어떤 선택이든지 하나님께 영광이 되는 것은 없습니다. 다만 그 문제를 통해 죄를 드러내시고 영원한 관계 속에 있게 하신 그 십자가 사랑 때문에 감사하는 것입니다. 그것이 하나님께 영광이 됩니다.

내가 어떻게 사는 것은 중요하지 않습니다. 왜냐하면, 내게 사는 것이 그리스도이시기 때문입니다.

어떻게 사는 데 집중하지 말고 그냥 살면서 십자가 은혜를 알아가는 것에만 초점을 맞추고 사는 은혜와 자유, 감사가 있기를 바랍니다. 예수 안에서 내가 선택하는 모든 것이 하나님의 뜻입니다.

> 이는 내게 사는 것이 그리스도니 죽는 것도 유익함이라(빌 1:21).

은혜

받을 자격이 전혀 없는 자에게 베풀어 주신 은혜를 받는다는 것은 무슨 의미입니까?

누구를 미워하는 마음이 사라졌다면 그것이 은혜를 받은 것입니까?

내 마음에 평강을 얻고, 내 안에 치유가 일어나고, 어떤 기적을 경험하고, 환상 중에 주님을 체험하고, 그래서 내가 행복하다면 은혜를 받아서 그런 걸까요?

이런 것들은 모두 육신의 것입니다. 은혜는 예수 그리스도의 피 뿌림으로 죄 용서를 받는 것입니다. 그것뿐입니다.

내가 죄인인 것을 아는 것이 은혜입니다.

나 같은 죄인이 용서받는 것이 은혜입니다.

그 은혜를 배우는 것이 우리의 인생입니다. 그 사실을 알아차리는 것이 은혜입니다.

은혜는 오늘도 육신을 사용해서 그 본연의 가치를 드러냅니다.

자아

　우리는 예수님의 하시는 일을 보여 주는 결과물입니다. 자아가 자아를 다룰 수 없습니다. 자아는 없습니다. 내가 무엇을 하는 것이 아닙니다.
　내가 가면을 쓰고 선한 일이나 악한 일을 하는 것이 아닙니다. 가면 뒤 본래 나의 얼굴이 따로 있는 것이 아니라 가면 자체가 계속해서 가면을 생산해 내는 것입니다.
　다시 말해, '절대적 주체'라는 것은 없습니다. 자아는 애초부터 없던 것입니다. 단지 육적인 죄성으로 작용하는 육신이라는 '몸'이 타인을 의식할 때만 한시적으로 자기 몸을 통해 자아의식이 발생됩니다.
　이 말은 서로 관계가 좋을 때는 자아에 대해 생각도 안하다가 몸에 물리적인 고통이 오게 되면 잡생각이 든다는 것입니다.
　즉, 원래 자아라는 것은 없었고 죄성으로 작용하는 육신이라는 몸이 타인을 의식할 때 한시적으로 자기 몸을 통해 자아의식이 발생하는 것입니다.

그러니까 분노, 정욕, 외로움이라는 우리의 모든 감정은 내가 없는 한 허구, 허상이라는 것입니다. 속고 있는 것입니다.

그래서 별 쓸데없는 감정 놀음으로 사는 불쌍하고 안타까운 존재가 십자가의 도를 알기를 바랄 뿐입니다.

주님이 몸을 친히 관리하십니다. 그런데 주인이 아니면서 관리에 나서는 것이 바로 자아이며, 부패한 마음이며, 죄입니다.

자아는 계속해서 발생될 수밖에 없지만, 그 내용은 늘 변하기에 영원히 허구가 되는 것입니다. 그러나 이 진리 속에서 새 사람이 출현하게 됩니다.

사는 이유

하루하루 사는 게 기적입니다.

주님께서는 지금 당장에 나를 죽여도 되는데 계속해서 햇빛, 공기를 주시며 살도록 해 주신 것은 예수님의 주되심을 드러내는 복음으로 우리가 산다는 것을 드러내기 위해서입니다.

하루하루 사는 게 기적입니다. 지금 죽어도 괜찮은데 십자가 지신 예수님 증거하라고 살려두십니다.

나는 내가 잘해서 살고 있는 것이 아닙니다. 무엇을 잘해서 이렇게, 저렇게 사는 것이 아니란 말입니다.

그래서 남들이 우리를 칭찬하고 격려하고 좋은 말을 해 준다 하더라도 그런 유혹에 넘어갈 필요가 없습니다.

내가 잘해서 이렇게 살고 있는 것이 아니기 때문입니다.

못했다는 것(또는 못했음)과 그리고 내가 어떤 죄인인가를 드러내라는 조건하에서 주님께서는 우리를 살려주신 것입니다.

그러므로, 우리는 "아, 이래서 내가 못된 인간이구나!"라는 것을 늘 느끼며 사는 것입니다.

하루하루 사는 게 기적입니다. 지금 죽이셔도 괜찮은데 빛나는 예수님을 증거하라고 살려두십니다.

전도

누구에게 복음을 이야기한다는 것은 단순히 자신은 알고 상대방은 모르기에 가르치는 것이 아닙니다.

복음이 전해질 때는 내가 스스로 나 자신에게 가르칠 용의가 준비되어 있을 경우에만 입이 열리게 되는 것입니다.

나는 아는 것이 없고, 아무것도 아닌 가짜라는 자신의 초라한 허점을 공개할 마음이 생겼을 때 복음은 전해지는 것이고 그것이 바로 전도가 되는 것입니다.

그것이 아니고는 다 자기 잘남을 전하는 것으로, 결국 복음이 아닌 자신을 증거하는 것이기 때문에 그것은 복음도 아니고 전도도 아닙니다.

"저는 원래 이러지 않았는데 복음 때문에 이렇게 변했습니다. 다 은혜입니다."

거짓말입니다.

변하긴 뭐가 변했습니까?

이것은 남을 약 올리는 짓 밖에 되지 않습니다. 남을 약 올린다는 것은 여전히 열등의식 가운데 살고 있다는 것입니다.

변화된 사람은 없습니다. 다만 성령으로 변화된 사람을 아주 희귀하게 만나게 됩니다.

저는 예수님을 믿지 못합니다. 왜냐하면 저만 믿고 저만 사랑하기 때문입니다. 저는 무엇을 해도 죄만 짓습니다. 저는 그냥 가짜입니다. 그런데 십자가의 피로 저 같은 인간을 구원하셨습니다. 저는 이 황당한 일 밖에 알지 못합니다.

이것이 전도입니다. 예수님이 계신 자는 길을 걷다 자빠져도 순교이며, 버스를 타거나, 지하철을 타거나, 운전을 해도 전도하는 것입니다. 그냥 사는 것이 전도인 것입니다.

전도는 아무런 말을 하지 않는 인내로 실행됩니다. 왜냐하면, 돼지들에게 진주를 던지지 말아야 하기 때문입니다. 그리고 나는 꼭 복음을 말해야 된다는 것도 나의 선악으로 사는 죄입니다.

"그러면 전도를 하지 말라는 소리입니까?"

"그러면 그동안 역사 가운데 복음을 전한 일들은 어떻게 설명할 것입니까?"

이 질문은 아주 수상합니다. 이 질문이 왜 죄인지 아는 것은 복음을 전하겠다는 자에게 성령님이 복음을 전하셨기 때문입니다.

그래서 오늘도 성령님이 마음의 문을 여실 때까지 그냥 계속 대기하는 것입니다.

먼저 물어보고 말을 걸을 때까지 말입니다. 왜냐하면, 십자가를 전해야 되니까요.

두려움 없으라

사람

선악과를 입에 물어버린 사람은 더 이상 사람이 아닙니다. 사람은 사라졌습니다.

그런데 자신이 사람이라고 밀어붙이는 이유는 자신이 이런 사람이고, 이러한 사람이 될 것이라는 상상 가운데 자신을 곧 신(神)이라 여기기 때문입니다.

자기를 좋게 해 주면 웃고 좋아하고, 그렇지 않으면 울든가 화를 내는 신입니다.

그렇게 모든 인간은 신으로 태어나서 허무하게 죽습니다.

또한 나는 이런 저런 사람이 되고 싶어 하는 것도 십자가에서 예수님과 함께 죽지 않겠다는 욕망으로 가득한 십자가 원수들의 전형적인 모습입니다. 그런데 이런 원수들이 성경을 이용해 먹고 있습니다.

성경은 예수 그리스도의 것으로 부르심을 받은 자, 개인 구원이 아닌 집단 구원으로서 교회된 자들에게만 전하는 하나님의 말씀입니다.

사람은 없고 죄인만 있으며 진정한 사람은 하나님이신 예수 그리스도뿐이십니다.

그리고 없음의 자리 곧 아무것도 아님의 자리로 끌려 내려 감으로 예수 그리스도만 드러내는 기능을 하는 존재 또한 그리스도 안에 있는 사람이라고 부릅니다.

만일 너희 속에 하나님의 영이 거하시면 너희가 육신에 있지 아니하고 영에 있나니 누구든지 그리스도의 영이 없으면 그리스도의 사람이 아니라(롬 8:9).

뒷북

뒷북치는 것이 인생입니다. 늘 그렇습니다.
바람이 불었다는 것은 바람이 지나가고 난 뒤입니다.
사랑도 마찬가지입니다. 이별하고 난 뒤에 비로소 아는 것이 사랑입니다.
이별을 하지 않으면 사랑이 당연한 줄 압니다. 아내가 날 좋아하면 남편은 당연히 자기를 좋아해야 되는 줄로 알고 있습니다.
그러나 아내와 헤어지고 난 뒤에는 '아, 많이 참았었구나'를 알게 됩니다. 꼴도 보기 싫은데 그동안 밥까지도 해 줬다는 것을 나중에 깨닫게 되는 것입니다.
죄 덩어리인 인간은 항상 사건이 지나가고 난 뒤에서야 그 사건의 의미를 알아차리는 뒷북치는 한계를 품고 있습니다.
감사한 것은 주님께서 뒷북을 치시지 않고 먼저 선수를 쳐서 앞북을 쳐주시니, 오늘도 우리에게는 주님밖에 없습니다.
우리가 먼저 알아서 앞북을 칠 리 없습니다. 다만 상한 심령이 되어 주님께 긍휼을 구함과 감사만 있을 뿐입니다.

예수님의 희생

하나님께서는 모든 악인과 선인에게 햇빛과 공기를 주신다고 하십니다. '주님의 희생' 덕분에 산다고 하는 것은 선인(善人)에 해당되며 혜택이 어디서 오는지 모르는 것은 악인(惡人)에 해당됩니다. 그래서 로마서에서는 너희가 나중에 심판 날에 핑계치 못한다고 하십니다.

> 창세로부터 그의 보이지 아니하는 것들 곧 그의 영원하신 능력과 신성이 그가 만드신 만물에 분명히 보여 알려졌나니 그러므로 그들이 핑계하지 못할지니라 (롬 1:20).

우리를 포함하여 이 세상의 모든 것이 유지되는 것은 예수님의 십자가 희생이 근거가 되어서 아직도 이 세상이 존속되고 있으며 우리가 살고 있는 것입니다.

그런데 이렇게 살아 있는 것 자체만으로도 큰 은혜를 받아 놓고 어떤 은혜를 줬느냐고 하는 것은 조만간 네가 지옥에 가더라도, 네 입이 백 개라도 할 말이 없다는 것이 성경이 말하는 바입니다.

내가 이렇게 숨 쉬고 살아가는 모든 것은 다 주님의 십자가 희생 덕분인데, 그것을 무시하고 내가 열심히 관리하고 운동을 해서 그 덕분에 내가 건강하다고 생각합니다. 그러나 그것은 십자가의 공로를 싫어하는 예수님과 아주 적대적인 관계를 갖는 세상 주변으로부터 자꾸 그렇게 시키기 때문에 그렇습니다.

"배가 아프다."

"나는 머리가 아프다."

사람들은 내 머리가 아프다고 합니다. 그러나 그게 "주님께서 아프게 한 고통이 내 머리를 통해서 튀어나온다."

이것입니다.

주님께서 때가 되어서, 어떤 의미가 있어서, 무슨 의도가 있어서, 나로 하여금 아픔을 내 머리를 통해서 튀어나오게 하시는 것입니다.

그래서 내 몸은 내 고통의 원인이 절대로 될 수가 없습니다. 원인은 바로 예수님의 희생에 있습니다. 예수님의 뜻에 있는 것입니다. 그렇게 예수님의 희생만이 현실입니다.

해답

모든 죄인은 자기가 자기를 관리하고자 하는 속성을 갖고 있습니다. 그래서 납득될 만한 사실들을 끄집어내어 그것을 믿음으로 자신의 안전을 도모하려고 합니다.

그러나 나 자신으로 하여금 내가 나 자신을 관리하거나 다루는 것이 아니라, 예수님의 십자가 공로만 높이고 우리를 날마다 죄인 됨을 깨닫도록 몰아가시는 것이 하나님의 뜻이며 성령의 인도, 말씀의 능력입니다.

> 예수께서 들으시고 이르시되 건강한 자에게는 의사가 쓸 데 없고 병든 자에게라야 쓸 데 있느니라 너희는 가서 내가 긍휼을 원하고 제사를 원하지 아니하노라 하신 뜻이 무엇인지 배우라 나는 의인을 부르러 온 것이 아니라 죄인을 부르러 왔노라 하시니라(마 9:12-13).

우리의 존재 이유와 목적을 우리 자신의 몸에서 출발하면 해답이 없습니다. 우리의 인생이 도대체 답이 나오지 않는 이유가 그것입니다.

그러나 십자가에서 시작해서 '십자가를 위한 몸'인

것을 우리가 알게 되면 모든 해답이 다 풀린 것입니다.
　주체인 내 몸으로부터 답을 찾아가는 것이 아니라 이미 해답이 된, 주체이신 주님의 결과물이 바로 내 몸이라는 것입니다.

억울함

역사상 가장 비참한 인간, 가장 억울하고 개망신, 개무시 당한 유일한 피해자는 예수님 한 분뿐이십니다.

이 사실에 동의하지 않는 자는 하늘에서 온 천사라 할지라도 이단입니다.

인간은 없습니다. 선악을 아는 인간은 이미 인간이 아닙니다. 인간은 예수님 한 분뿐이십니다. 그리고 그 예수님의 아바타(Avatar)들이 또한 인간입니다.

예수님과 똑같이 죽음으로 넘어가는 동질성을 가진 자가 인간입니다. 그 동질성 곧 십자가가 나오지 않는 자들은 인간이 아닙니다.

그래서 그리스도 안에 거하게 된 인간이라면 예수님께서 당하신 것을 죽을 때까지 그대로 당하게 됩니다.

그냥 사시면 됩니다. 그러면 주께서 필요하실 때마다 우리를 함부로 사용해 주실 것입니다.

그러나 자기를 함부로 대하는 주님이 싫어서 자기 기호에 맞는 사탄을 찾아가는 자들이 항상 있기 마련입니다.

그러나 그것은 우리가 상관할 바가 아니기에 당당하

게 십자가만 전합니다.

　허락된 자들만이 알 수 있는 비밀인 십자가를 위하여 주께서 나를 함부로 사용하시는 것에 대해 감사하십시오!

허무함의 기쁨

십자가보다 더 기쁜 것이 있을까요?

세상에서 잘되면 "나는 이 정도야!"라고 말하고, 종교를 가진 사람이라면 "은혜로 나는 이 정도야!"라고 언급합니다.

이런 '티'를 내는 보람으로 사는 것이 우리입니다.

그러나 성도라면 깊은 허무함을 느낄 줄 알아야 합니다. 그리고 이 허무함이 기쁨이 되어야 합니다.

허무함의 기쁨!

그것이 십자가입니다. 그리고 안식입니다.

성도는 자기가 원하는 대로 안 삽니다. 아니 못 삽니다. 그저 시간 속에 묻혀 그냥 살 수 밖에 없습니다.

주님이 우리를 장악하시는 시간 속에서 주어진 대로 살기 바랍니다. 그러면서 자신의 죄인 됨이 발각되면 십자가만 바라보고, 그 십자가만 자랑하길 바랍니다.

십자가를 자랑하게 하는 우리의 실패는 위대한 실패입니다. 십자가보다 더 기쁜 것은 우리에게 없습니다.

하나님은 사랑

　예수님의 사랑은 그 사랑의 수혜자 중에 나는 빠져도 되는 사랑입니다. 왜냐하면, 예수님이 혼자 이루신 그 사랑 자체가 완전하기 때문입니다. 쉽게 말해서 나는 지옥에 가도 주님의 사랑은 완벽하다는 것입니다.
　나를 지옥에 보내더라도 그래도 여전히 주님은 사랑이라는 것입니다.
　여기서 "맞습니다!"라고 하는 사람은 이미 주님의 사랑 안에 놓여 있는 자이고, 불만을 표출하는 사람은 주님의 사랑 밖에 있는 자입니다.
　십자가는 취소되지 않습니다. 하나님은 사랑입니다.

주인공

하나님이 펼쳐 놓으신 연극 속에서 주인공은 예수님이시고 우리는 각자 할당된 배역을 맡아 오늘도 삽니다.

여기서 특별히 맡은 배역에 충실하려고 따로 연기 연습을 비롯해 관리에 들어갈 필요는 없습니다.

그냥 사시면 주께서 알아서 쪼다로 만들어서 예수님만 빛나게 만드실 것입니다.

얼마나 좋습니까?

이러한 예수 그리스도의 세계를 온전히 볼 수 있다는 것이요!

그런데 성령을 통해 이 세계를 보지 못하고 눈에 보이는 허상인 세상만 바라보며 자기가 주인공이 되려고 애를 쓰며, 철저한 자기 관리에 들어가는 자들이 있습니다.

그들은 바로 지옥에서 온 탁월한 배우들입니다.

얼마나 연기를 잘하는지 모릅니다.

천국의 주인공은 예수님입니다.

천국은 아들의 나라입니다.

그가 우리를 흑암의 권세에서 건져내사 그의 사랑의 아들의 나라로 옮기셨으니 그 아들 안에서 우리가 속량 곧 죄 사함을 얻었도다(골 1:13-14).

1+0+1=2

　입자(존재)이신 성부와 성자 사이에 아무것도 아닌 '0'으로 끼어 들어가 예수님의 주되심을 증거하다가 다시 없음의 자리로 내려가는 있다가도 없는 것들 ….
　우연적인 요소가 바로 인간입니다.
　복음을 아는 나, 죄인인 것을 아는 나로 또다시 나 자신을 입자화, 존재화 시키려고 하는 것이 우리이지만 주님은 입자와 입자 사이에서 일으키시는 사건 곧, 죄인으로 드러내시고 십자가의 피로 용서하십니다.
　그렇게 주님은 활동하시는 '1'(내용)만 뽑아내어 영광을 받으시는 하나님 앞에서 우리는 '0'(없음)이 됩니다. 즉, 안개가 됩니다.
　"아니, 왜 자꾸만 내가 여기 있는데 없다고 합니까?"

　　　내일 일을 너희가 알지 못하는도다 너희 생명이 무엇이냐 너희는 잠깐 보이다가 없어지는 안개니라 (약 4:14).

우리를 없어지는 안개라고 하니까 미리 당겨서 없다고 하는 것입니다.

예수님만 유일한 '있음'입니다.

1+0+1=2

싸움

교회를 이미 구원을 받은 집단으로 이야기해 버리면 복음을 전할 수가 없습니다.

"오늘도 주께서 말씀을 통해서 주의 몸된 교회를 만드시네요!"

이렇게 말하면서 설교를 해야 복음을 제대로 전할 수 있는데, 이미 이 사람을 교회라 해 버리면 뭘 전하게 될까요?

더욱더 앞으로 전진하는 교회로 이야기를 해 줘야 됩니다.

그런데, 오늘도 주께서 성도와 교회를 만드신다고 해 버리면, 십자가의 피가 뿌려지면서 "나는 죄인입니다"라고 고백하는 성도가 출현하게 되는 것입니다.

그러면 반드시 반발하는 자들이 생기게 됨으로 싸움이 일어나게 됩니다.

"나는 구원 받았는데 뭔 소리야?"

"할 일이 얼마나 많은데! 답답하네."

그래도 무시하고 복음을 전하면 진짜 복음을 그리워하는 사람들이 핍박을 받게 됩니다.

복음은 아들에 관한 것입니다. 아들 예수 그리스도가 복음이십니다. 나에게 기쁜 소식이 복음이 아닙니다.

인간이 들어야 할 소식은 지옥, 영원한 형벌입니다. 그것이 하나님께 만족이 되는 기쁜 소식입니다.

> 이와 같이 내 노가 다한즉 그들을 향한 분이 풀려서 내 마음이 가라앉으리라 내 분이 그들에게 다한즉 나 여호와가 열심으로 말한 줄을 그들이 알리라(겔 5:13).

하나님만 기뻐하시면 됩니다. 여기서 교회가 생성되고 싸움이 일어나게 되는 것입니다.

오프라인

복음을 듣고 숨어 버리는 사람들이 있습니다.

숨는 이유는 사람들을 만나는 것이 귀찮은 것입니다. 나는 이미 복음을 다 알기 때문에 만나 봤자 상대로부터 나올 것이 없다는 것입니다. 달리 말하면, 내 죄가 드러나는 것이 싫은 것입니다. 죄를 지적하지 않는 세상에 그냥 있겠다는 것입니다. 다른 이유는 없습니다.

성경을 보면 서로 사랑하고, 서로 용납하며, 서로 함께 합니다. 즉, '우리'라는 개념을 갖고 있음을 보게 됩니다.

그래서 '모이기를 힘쓰라'는 이유는 모여서 좋은 교회 만들자는 것이 아닙니다. 모이면 다 깨집니다. 그러나 깨지면서 십자가 앞으로 나아가는 바로 그것이 중요하기 때문입니다.

인터넷이나 책으로 복음에 대한 내용을 백날 보고 들어도 자기를 왕으로 만들 뿐입니다.

"맞아, 그래!" 하면서 점점 자기를 견고히 쌓아갑니다. "난 다 아니까"라고 생각하며 남을 정죄하고 판단만 하게 됩니다.

뭐든지 자기가 다 해결을 하며 하나님의 인도하심이라고 운운합니다. 그런 사람들의 특징은 뾰족한 연필심이 되어 자기를 못 건드리게 합니다.

"네가 뭔데 나한테 그렇게 이야기 하느냐?"

오프라인으로 가서 누구든 만나야 합니다. 만나야 죄가 나옵니다.

그러나 그 만남이 복음의 폭탄으로 죄가 드러나고 박살나서 다시 생성되어야 합니다. 그리고 교회로서 복음으로 교제가 이루어지지 않는다면 그 모임은 그저 서클, 계급 조직, 종교 집단, 또는 정으로 사는 귀신의 소굴이 될 것입니다.

환경

사람들이 원하는 것은 '에덴'이라는 좋은 환경입니다. 그 좋은 환경을 얻기 위하여 노력하며 애쓰는 것이 인생입니다.

그러나 자신의 힘으로는 도저히 불가능할 때 종교를 찾게 되며 여러 가지 방법과 수단을 채택하게 됩니다. 그러면서 자신에게 해를 끼치는 것은 철저하게 배격하며 불행의 원인으로 늘 환경만을 탓합니다.

나에게 어려움을 주는 환경을 사라지게 해 달라고 사람들은 신을 찾습니다. 좀 더 성숙한 자들은 그 환경을 이기게 해 달라고 빌기도 합니다. 아니면 그냥 다 받아들이게 해 달라고 합니다.

특별히 종교를 갖지 않더라도 여러 정보와 매체를 통해 정신 통일, 자기 최면으로 사실은 겨우 안 그런척하면서 사는 것뿐입니다.

그러나 환경은 사람을 위해서 있는 것이 아닙니다.

내가 어떤 단독자가 되어서 환경을 논할 위치가 아니라는 것입니다. 어떤 상황과 환경 때문에 내가 좋고 싫다고 하는 자격이 사람에게는 없다는 말입니다.

왜냐하면, 사람 자체가 환경이기 때문입니다. 예수님의 주되심을 위한 환경으로 사람은 하나의 사건으로 기능하는 것뿐입니다.

바로 이 사실에 감사하며 살아가는 자가 성령을 받은 성도입니다. 그러나 악령이 가득한 자는 자기 주체가 살아있어 선악으로 살아갑니다. 그 나중은 반드시 영원한 지옥 불에 떨어져 죽음이 무엇인지 영원히 배우게 될 것입니다.

> 선악을 알게 하는 나무의 열매는 먹지 말라 네가 먹는 날에는 반드시 죽으리라 하시니라(창 2:17).

초상집

　최근에 세상을 떠난 두 분의 이야기를 접했습니다.
　보통 초상집에 가게 되면 마음이 편치 않습니다. 자기와 가까운 관계일수록 그 마음은 더욱더 무너져 내립니다. 지금도 수많은 사람이 여러 가지 사건 가운데 목숨을 잃고 있습니다.
　그때 우리는 자신이 살아 있는 것에 감사하고 앞으로 정신을 차려 열심히 살아야겠다고 다짐을 하게 됩니다. 한마디로 자기는 안 죽어서 다행인 겁니다.
　그러나 성도는 그 죽음을 오히려 부러워합니다.
　물론 슬프고 고통스럽습니다. 그렇지만, 성도의 소망은 어서 주님을 직접 뵙는 것입니다. 그래서 빨리 죽는 것이 소원인 것입니다. 이것은 어떤 흉내 내기나 연출로는 불가능한 생명의 고백입니다.
　죽음을 두려워하는 이유는 나의 현실에 집착하기 때문입니다. 나의 현재의 삶이 끝나지 않고 계속되기를 원하기 때문입니다.
　그러나 성도들은 죽음에 대해 불안해하지 않았습니다. 성도는 죽음이 오기 전에 이미 죽은 자였기 때문입니다. 두려움은 진리의 자리에 서 있지 않기 때문입니다.

이 지옥 같은 세상을 먼저 떠나는, 먼저 제대하는 죽음을 부러워하십시오!

이것이 담대함의 비결입니다.

다른 것을 부러워하지 마시고 빨리 죽는 사람을 부러워하십시오. 예수님과 함께 할 수 있으니!

우리는 왜 삽니까?

왜 공부를 하고 일을 합니까?

오늘도 나를 살게 하시는 것이 주의 뜻(죄인임을 드러내시는 것)이기 때문에 우리는 모든 것에 감사하며 은혜로 사는 것뿐입니다.

> 초상집에 가는 것이 잔칫집에 가는 것보다 나으니 모든 사람의 끝이 이와 같이 됨이라 산 자는 이것을 그의 마음에 둘지어다 … 지혜자의 마음은 초상집에 있으되 우매한 자의 마음은 혼인집에 있느니라 (전 7:2, 4).

재림

다시 오실 예수님의 재림을 기다리십니까?

피상적이거나 흉내 내기, 어떤 가상적인 정보 차원에서 언급하기가 아니라 진정 재림을 사모하는 것은 그리스도 안에서만 가능합니다.

이미 십자가 죽음에 참여한 그리스도 안에 있는 사람에게만 재림은 해당되는 것입니다. 재림하시는 분은 십자가를 지신 예수님이기 때문입니다.

이렇게, 저렇게 하면 부흥이 되고 복음이 다 전파되어 예수님이 재림하신다고 생각합니까?

대다수의 선교단체나 교회에서 주장하는 이러한 내용은 엉터리입니다.

그리스도 안에 있는 사람은 이미 자기에게 찾아오신 주 안에서 재림된 기쁨으로 살아가며 다시 오실 주님만 더욱 고대하게 됩니다.

이 기쁨은 세상에 대한 미련이 없어지는 것과 비례합니다. 한마디로 세상이 싫은 것입니다.

세상 어떤 일에도 감사가 안 되는 것입니다. TV를 재미있게 보다가도 재미없습니다. 이런 저런 활동을 활

발히 하다가도 재미없습니다. 이것이 성도 안에서 삐져나오는 재림 현상입니다.

땅 끝까지 복음이 전파된다는 것은 지구상에 있는 모든 나라, 민족, 족속에 복음이 전파된다는 뜻이 아니라 하나님이 택한 자를 모두 부르신다는 뜻입니다.

하나님이 택한 자를 모두 부르시면 예수님이 오시고 그때가 세상의 마지막 때가 되는 것입니다. 성도가 재림을 기다리는 것은 영광의 나라에 소망을 두고 있기 때문입니다.

다른 말로 하면 세상이 싫은 것입니다.

마라나타!

두려워할 자

복음을 이야기했는데 아무런 느낌이 없다는 것은 사람이 아닙니다. 복음에 대한 대화가 통하지 않는다는 것도 사람이 아닙니다. 그냥 물체입니다. 벼락에 맞아 볼품없이 나뒹구는 나무토막과도 같습니다.

그러니 그 어떤 사람도 두려워할 필요가 없습니다.

사람의 얼굴을 두려워하지 마십시오! 제 아무리 무서운 얼굴로 노려본다 하더라고 그 얼굴을 두려워하지 마십시오! 아무것도 아닙니다. 당장에 지옥으로 쳐 넣어 버리시는 하나님만 두려워하기 바랍니다.

> 마땅히 두려워할 자를 내가 너희에게 보이리니 곧 죽인 후에 또한 지옥에 던져 넣는 권세 있는 그를 두려워하라 내가 참으로 너희에게 이르노니 그를 두려워하라(눅 12:5).

그냥 사세요

각 사람은 부르심을 받은 그 부르심 그대로 지내라 (고전 7:20).

부르신 그대로 사십시오.
혹 자유할 수 있어도 그대로 지내십시오.
평생 노예라도 상관이 없습니다.
이 세상 외형은 지나갑니다.
노예 배역도 상전 배역도 끝이 납니다.
다 받아들이세요.
힘들어도 도망치지 마세요.
어려움을 참아내고 뚫고 가라는 말이 아닙니다.
그냥 부르신 그대로 살라는 것입니다.
그냥 사세요!
그냥 살라는 이 말이 굉장히 즐거워야 합니다.
우리는 그동안도 그래왔고 앞으로도 어떤 방식과 어떤 방법을 채택한다 할지라도 아무런 의미가 없기 때문입니다.
이것을 미리 앞당겨서 알게 된 즐거움 ….

우린 뭘 해도 죄인입니다.
그 어떤 것이 의미가 있겠습니까?
다만 계속해서 베푸시는 주님의 긍휼로 인하여 황송하올 뿐입니다.
십자가로 다 이루셨습니다.
그 완성 안에서 주어진 대로 사는 것뿐입니다.

두 민족

하나님께서는 언약을 위해서 모든 것을 창조하셨습니다. 그리고 그 언약의 완성을 위해 예정된 자기 백성들을 그리스도 안에서 자기 아들들로 만드십니다.

그리스도의 죽음으로!

자기 백성 말고 다른 백성도 있습니다. 바로 언약을 펼쳐 보이시기 위해 여자의 후손과 뱀의 후손, 두 민족으로 나눈 것입니다.

그 둘은 서로 하나가 될 수 없는 이질적인 존재입니다. 절대 하나가 될 수 없는 빛과 어둠처럼 말입니다. 하나가 될 수 없다는 것은 다툼이 전제되어 있다는 것이고 그 둘은 항상 적이 되어 싸웁니다.

모든 인간은 전 우주적으로 신자와 불신자로 나누어집니다. 그리고 교회 안에서는 가인과 아벨, 야곱과 에서 그렇게 각자 맡은 역할을 가지고 출생하는 것입니다.

예수님께 속한 자는 여자의 후손이고, 마귀에게 속한 자는 뱀의 후손인 것입니다. 그래서 여자의 후손은 예수님 역할을 담당하며 뱀의 후손은 마귀 역할을 담당하는 것입니다.

창세전 언약의 내용 중에는 예수님이 사탄에게 죽임을 당하도록 되어 있습니다. 그래서 예수님께 속한 자들은 죽임 당하는 모습으로, 그리고 뱀에게 속한 자들은 예수님께 속한 자들을 죽이는 자로 서 있게 되었습니다.

그렇게 예수님께 속한 성도는 약한 자로 드러나고 마귀에게 속한 자들은 강한 자로 드러나게 됩니다.

그러므로, 예수님께 속한 자는 예수님처럼 죽임 당하는 사건 속으로 휘말려 들어가게 되고 마귀의 역할을 맡은 사람은 마귀가 예수님을 십자가에 죽였듯이 지금도 예수님께 속한 자들을 죽이는 일을 하게 됩니다.

그리고 각자 언약을 위해 맡은 역할을 마치고 드라마가 끝나면 각자 주어진 곳으로 가게 되는 것입니다.

불행

주님께 다 맡기고 주어진 대로 그냥 사는 복음의 삶은 인간의 힘과 능력이 아닌 오직 성령으로만 가능합니다.

복음은 예수 그리스도께서 주인이시라는 것입니다. 한마디로 내 인생은 없다는 것입니다.

그러나 자기가 자기를 스스로 지키고, 살리고, 관리한다면 자신은 점점 대단한 존재가 됩니다. 그렇게 대단한 존재가 되는 순간 불행해지는 것입니다.

인간이 불행한 이유는 자신을 대단한 존재로 여기기 때문입니다.

내가 대단해지면 가만히 있지 않습니다. 나대고 설칩니다.

대단한 내가 어떻게 한 사람, 한 장소에만 머물겠습니까?

내 꿈을 펼쳐야 합니다. 그리고 날 건드리면 죽여 버립니다.

자기는 상처만 받았을 뿐인데 그 사람을 죽입니다. 자기가 좀 기분 상하면 어린 아이라도 죽여 버립니다. 자기가 얼마나 대단한 존재인지, 사실 있지도 않은 자신인데 ···.

여기서 이러한 거짓의 불화살을 쏘아대는 사탄을 이기는 법을 말씀 드리겠습니다. 그것은 "나는 아무것도 아니다!"라고 하는 것입니다.

"나는 아무것도 아니다!"라고 할 때 없던 행복마저 생기게 됩니다. 나는 아무것도 아니기에 모든 것은 과분한 것입니다.

불행은 자기를 대단한 존재로 간주하는 것인데 그것은 남을 의식하는 배경 때문에 그렇습니다. 그러나 남을 의식하는 주체는 없습니다.

오직 주체는 예수 그리스도뿐입니다.

하루만 사십시오

내일은 없습니다. 오늘만 있을 뿐입니다.

그래서 오늘 하루치 주어진 삶을 담담하게 사는 것밖에 없습니다. 일체 내일은 없이 오늘만 사시길 바랍니다. 일체 내일이 없이 쏟아붓기를 바랍니다.

내일이 있다면 그것은 어두움 가운데 있다는 것입니다. 왜냐하면, 내일이 있어서 나의 계획을 세우고, 나만 더욱 사랑하며, 근심, 걱정, 염려하여 오늘 말씀하시는 주님을 부인해 버리기 때문입니다.

아니요! 날마다 자기를 부인하고, 나는 날마다 죽노라!

오늘 하루만 사는 것이 영원을 사는 것입니다. 그것이 언약을 따라 사는 성도의 모습입니다.

흔들림

여호와여 나를 징계하옵시되 너그러이 하시고 진노로 하지 마옵소서 주께서 내가 없어지게 하실까 두려워하나이다(렘 10:24).

없어질까 봐, 죽을까 봐 두려워하는 예레미야의 모습입니다. 그러나 예레미야 개인의 모습은 없습니다.

여호와여 내가 알거니와 사람의 길이 자신에게 있지 아니하니 걸음을 지도함이 걷는 자에게 있지 아니하니이다(렘 10:23).

예레미야의 모습은 연약하신 예수님을 드러낸 것입니다-십자가 앞에서 떠시는 예수님.
복음 안에 있기에 흔들리는 것입니다. 흔들리지 않으면 반드시 자기가 주인의 자리로 가게 됩니다. 자기가 신이 됩니다. 그러나 주님은 절대 자신의 주되심을 포기하지 않으십니다. 양보하지 않으십니다. 그래서 믿음의 삶은 흔들리는 삶입니다.

복음 안에 있으니까 흔들리는 것입니다. 그래야 예수님의 십자가 공로가 드러납니다.

흔들리는 것을 자랑하십시오!

약한 것을 자랑하십시오!

내가 잘했을 때, 잘한 것을 믿음인 것처럼 포장해서 자랑하지 말고 여전히 성질 더럽고 잘 못 참는 약한 것을 자랑하십시오!

그것이 십자가의 능력이 머무는 강함입니다. 살면서 예상치 못한 사건으로 인하여 예측 못한 나의 죄인 된 모습이 고발당함으로써 십자가만 자랑하는 흔들림이 있기를 바랍니다.

내가 일부러 흔들리게 사는 것이 아니라 그냥 사는 것입니다. 주어진 대로 살면 흔들리게 됩니다. 그런데 흔들리지 않으려고 십자가 공로를 짓밟고 자신에게 착하게 살면 그것은 자기가 그러는 것이 아니라 지옥으로 보내려고 하시는 하나님께서 충견인 마귀를 시켜 친절히 안내를 하고 계시기 때문입니다.

주님의 조종은 흔들림과 자기 관리로 나타납니다.

성화

복음은 처음부터 끝까지 주님께서 다 하시고 우리는 죄인으로 드러나는 것임을 선포합니다. 저도 그랬고 복음을 들은 사람들이 궁금해 하는 것이 있습니다.

그것은 복음이 실제화 된 이후의 삶은?

구원 받은 이후의 삶은?

이 질문은 자신이 구원을 받고 나서 무엇을 해야 하느냐는 것인데, 이런 생각은 자신이 예수님을 믿어서 구원을 받았다고 생각해서 나오는 것으로 사실은 구원이 무엇인지도 모르는 사람인 것입니다.

그저 신이 되고 싶어하는 인간의 욕망을 성경을 동원하여 변명하고자 하는 노림수일 뿐입니다.

구원은 나의 소유용이 아닙니다. 하나님은 자신의 언약에 따라 우리의 일생을 통해 일하시는 그분의 일입니다.

그 언약 안에서 우리는 죄인으로 폭로되고 오직 긍휼을 구하며 십자가의 피를 전하는 것입니다. 이것이 은혜 아래서 믿음으로 사는 것입니다.

내가 무엇을 하는 것이 아니라 그분이 하시는 것을

믿는 것이 믿음의 행위인 것입니다. 그래서 우리는 주어진 대로 그냥 살면 되는 것입니다. 그냥 사십시오!

누가 말씀대로 사는 것, 구원 이후, 주님께 어떻게 영광 돌리며 사는 것이냐고 묻거든 "그냥 사세요!"라고 말하면 됩니다.

예수님만 하나님의 영광이 되십니다. 인간들이 생각하는 하나님의 영광은 우리가 말씀대로 살아서 의롭게 사는 것이 하나님을 높이는 것이라 생각하는데 이것은 예수님을 죽인 유대인, 바리새인들의 사고방식일 뿐입니다.

우리가 어두움 됨을, 죄인 됨을 전하는 것이 십자가를 높이는 것입니다. 나는 뭘 해도 의미가 없고 죄인 중의 괴수라는 것이 십자가를 자랑하는 성도로서 하나님께 영광이 되는 삶입니다.

성전

　성도의 몸은 성령의 전입니다. 절대 잊지 마시기 바랍니다.
　성령의 전 곧 성전에서는 희생 제물이 드려지고 죄인이 필요합니다. 그것이 성전의 기능이고 성전에서 일어나는 일입니다. 죄인이 있고 그 죄인을 용서하는 정결한 희생 제물의 피. 그 정결한 희생 제물이 대신 죽임을 당해 죄 용서가 있는 곳이 바로 성전입니다.
　그런데 성도에게 성령이 찾아오심으로 성도의 몸이 이렇게 성전이 되어 버린 것입니다. 그래서 성도의 몸에는 이 성전의 기능이 실현되는 것입니다.
　성도의 몸은 십자가 사건이 반복되는 현장입니다. 계속해서 죄가 발생되고 그 죄를 용서해 주시는 어린 양의 피가 있는 곳입니다. 죄와 어린 양의 피가 늘 언제나 항상 마주치는 곳이 바로 성전입니다. 그래서 오로지 예수님만 높아지는 것입니다.
　몸으로 하나님께 영광 돌리십시오!
　그냥 살면 됩니다. 이 복음을 소중히 생각하고 범사에 감사하며 살면 됩니다. 나는 주께 영광 못 돌립니다.

오직 예수님만이 하나님께 영광이 됩니다!

> 너희 몸은 너희가 하나님께로부터 받은 바 너희 가운데 계신 성령의 전인 줄을 알지 못하느냐 너희는 너희 자신의 것이 아니라 값으로 산 것이 되었으니 그런즉 너희 몸으로 하나님께 영광을 돌리라(고전 6:19-20).

차후

믿음은 차후입니다. 차후로만 확인되는 것입니다. 그래서 믿음의 주체는 주님이십니다. 그러므로 나의 믿음이 거짓이었음을 폭로하는 것이 믿음인 것입니다.

내가 죄를 짓고 잘못한 것은 다 주께서 그렇게 하신 것입니다. 내가 공부를 못해서 좋은 학교나 직장에 들어가지 못한 까닭은 주께서 다른 길을 예비하셔서 공부를 못하게 하신 것입니다.

또 내가 누구를 미워하거나, 이렇게 행동하는 것은 "다 주께서 그렇게 시키셨기 때문에 그런 것입니다"라고 한다면 어떻습니까?

책임 회피하기 아주 쉽죠?

자기를 합리화, 자기를 변명하기에 아주 좋은 메시지이죠?

그러니까 지옥에 가야 되는 것입니다.

"공부 안 할래!"

"나 저 사람 계속 미워할래!"

"이렇게 계속할래!"

이렇게 살아도 천국에 가는가?

이것이 예수님을 죽인 악마의 모습입니다.

주체가 누구죠?

바로 나입니다. 인간은 미래를 알 수 없습니다. 모릅니다. 인간은 항상 차후로만 알 수 있을 뿐입니다.

형통한 날에는 기뻐하고 곤고한 날에는 되돌아 보아라 이 두 가지를 하나님이 병행하게 하사 사람이 그의 장래 일을 능히 헤아려 알지 못하게 하셨느니라(전 7:14).

왜냐하면, 인간이 미리 알게 되면 자기가 신이 되기 때문입니다. 자기가 주가 되기 때문입니다.

그러나 차후로 보게 되면 모든 것이 주님을 증거하는 활동이었음을 알게 되는 것입니다. 이것이 믿음입니다. 차후로 앎! 이렇게 확인을 하는 것. 그래서 성도를 목격자, 증인이라고 하는 것입니다.

일을 숨기는 것은 하나님의 영화요(잠 25:2).

자유

우리에게는 자유 의지가 없습니다. 그래서 죄도 내 마음대로 지을 수가 없습니다.

그렇다면 우리에게 물을 책임이 없을 텐데?

그렇게 자기 마음대로 정해 놓고 지옥으로 보내는 것은 너무나 부당한 처사가 아닌가?

그러나 긍휼의 그릇은 나는 죽어 마땅하다고 하는 반면에 진노의 그릇은 왜 내가 지옥에 가느냐고 항변합니다.

세상의 진리는 잘하면 상을 주는 것입니다. 그러나 복음은 자기 원하는 대로입니다.

> 바람이 임의로 불매 네가 그 소리는 들어도 어디서 와서 어디로 가는지 알지 못하나니 성령으로 난 사람도 다 그러하니라(요 3:8).

죄를 지으려고 해도 우리는 죄를 짓지 못합니다. 내가 죄를 지을 수 있다고 생각하는 것은 아직 자신이 죄인인 것을 모르고 있다는 것입니다. 즉, 다시 말해 우리

인생이 우리 것이 아니라는 것입니다. 우리는 죄를 지을 자유도 없습니다.

우리는 그 어떤 새로운 죄를 지을 수 없는 죄인입니다. 이미 십자가 사건이 먼저 터졌고 죄는 그 다음입니다.

우리가 죄를 짓지 못하는 것은 내 인생이 내 것이 아니기 때문입니다. 주께서는 마귀에게 명령하여 우리로 하여금 죄를 짓게 하셔서 십자가로 우리를 끌고 갑니다. 이것이 언약입니다.

우리가 오늘도 눈을 뜨고 먹고 사는 것이 예수님을 죽이는 것입니다. 맨날 나밖에 모르니 날마다 예수님을 죽이는 것입니다.

그래서 오늘도 우리에게 필요한 것은 주님의 긍휼뿐입니다.

죄를 지어라

죄를 짓는 것이 십자가를 전하는 것입니다. 왜냐하면, 우리의 죄가 십자가를 증거하기 때문입니다.

십자가는 그렇게 전해집니다. 예수님의 피가 전해진다는 것은 자신이 죄인이라는 것입니다. 내가 선해지고 깨끗해짐으로 거룩한 열심을 내어 그 어떤 업적을 이루거나 힘과 명예를 가지고 십자가를 전하는 것이 아닙니다.

'그래도 선하게 살아야, 말씀대로 살아야 십자가를 전하는 게 아니겠어?'

이쯤 우리에게 생기는 궁금증이 있습니다.

'굳이 죄를 지으라고 하는 말은 무엇인가?'

'어차피 죄를 지으며 살고 있지 않은가?'

아닙니다. 그것은 여전히 죄를 도덕, 윤리로만 보는 수준입니다.

"죄를 지어라"고 표현을 한 것은 인간은 늘 의롭게 살려고 하기 때문입니다. 인간은 선악과를 따먹고 본성상 악은 버리고 선을 취하려고 하기 때문에 죄를 짓지 않으려고 합니다.

마귀는 죄를 안 지어야 된다고 자꾸 들쑤시기 때문에 그것을 공격하는 것으로 "죄를 지어라"라고 하는 것입니다.

죄를 짓지 않으려는 것이 죄입니다. 죄를 짓는 것이 십자가를 증거하는 것입니다. 이것이 복음의 비밀입니다.

> 예수께서 들으시고 그들에게 이르시되 건강한 자에게는 의사가 쓸 데 없고 병든 자에게라야 쓸 데 있느니라 나는 의인을 부르러 온 것이 아니요 죄인을 부르러 왔노라 하시니라(막 2:17).

질문

사람이 어떤 질문을 하게 될 때 종교는 그 상황을 받아들이고 욕심을 버리라고 답변을 줍니다. 곧 정답을 이야기해 줍니다.

그러나 복음은 질문 자체가 죄라고 합니다.

죄를 알면 끝. 거기에서 구하는 긍휼이 결과입니다.

그래야 예수님의 용서하심과 사랑이 결론으로 나오지 않겠습니까?

그러면 질문이라는 것을 하는 게 이제 어려워지죠?

그러나 질문이 없으면 변화가 없습니다. 주님은 질문을 하게끔 유도하셔서 깊이를 더하게 하십니다.

그래서 질문을 하지 않는 것은 주님께 이끌림을 받지 않고 있다는 것입니다.

질문으로 인하여 또 다른 정보의 답변이 아니라 내가 알고 있던 것이 진정으로 아는 것이 아님을 반복적으로 알게 되는 것입니다.

오늘도 사랑하는 예수님을 알기 원하나이다!

만일 누구든지 무엇을 아는 줄로 생각하면 아직도 마땅히 알 것을 알지 못하는 것이요(고전 8:2).

우리 주 예수 그리스도를 변함 없이 사랑하는 모든 자에게 은혜가 있을지어다(엡 6:24).

사기꾼

십자가 외에는 다 사기입니다. 사기의 뜻은 나쁜 꾀로 남을 속이는 것인데 이 세상에 사기가 아닌 것이 없습니다. 온통 사기를 치고 사기에 걸리고 사기꾼들 투성입니다.

> 만물보다 거짓되고 심히 부패한 것은 마음이라 누가 능히 이를 알리요마는 …(렘 17:9).

> 곧 모든 불의, 추악, 탐욕, 악의가 가득한 자요 시기, 살인, 분쟁, 사기, 악독이 가득한 자요 수군수군하는 자요(롬 1:29).

십자가를 빼놓고 다 사기입니다. 혹시 그 사람도 사기꾼입니다. 그러나 누구보다도 제가 사기꾼입니다. 만물보다 거짓된 나는 우주적인 사기꾼입니다.

십자가 외에는 다 거짓, 사기, 허상임을 분명히 확인하시는 은혜가 있으시길 바랍니다. 사기꾼이 됐을 때 진정한 자유로운 영혼이 됩니다. 우리는 아무것도 아닙니다.

  오직 십자가만이 현실, 사실, 진리, 진짜입니다. 십자가는 과거의 십자가가 아니라 지금도 내 눈 앞에 밝히 보이는 주님의 사랑입니다.

> 어리석도다 갈라디아 사람들아 예수 그리스도께서 십자가에 못 박히신 것이 너희 눈 앞에 밝히 보이거늘 누가 너희를 꾀더냐(갈 3:1).

고생

오늘도 기억해야 할 것은 하나님은 내 편이 아니시고 예수님 편이시라는 사실입니다.

복음은 나 좋아라고, 나 편하라고, 나 행복하라고 주신 것이 아닙니다. 그래서 진리는 안 믿어지는 것이 맞습니다.

그러나 지식은 인간의 몸이 편리하고자 하는 방향으로 언제나 동원됩니다. 그래서 열심히 지식 습득을 하는 것입니다.

그래서 성경도 보고, 연구하는 것이 아니겠습니까?

그러나 성경의 의도는 세상이 인간을 위한 것이 아니라 예수님을 위해 있다는 진리를 보여 줍니다.

"나의 몸이 편해지고 행복해 진다. 죽어서 천국도 가겠다."

이러한 모습은 고생을 당하신 예수님과는 전혀 상관없는 삶입니다. 하나님의 뜻과 멀어져 있다는 증거입니다.

인간이 만들어진 이유는 '고생하라고!'입니다. 이것이 하나님의 뜻입니다. 고생하라고 인간이 만들어

졌는데 고생하지 않겠다는 겁니다. 이것이 다른 복음입니다.

내가 가고 싶은 길에 관심을 두지 않고, 주님 가신 길에 관심을 두는 것입니다.

오늘도 십자가의 말씀이 어디에서나 들리시길 … .

고생도 내 고생이 아닙니다. 예수님의 고생이 나에게 그대로 재현되는 것입니다. 이러한 특권과 구원에 감사하시길 바랍니다.

> 십자가의 도가 멸망하는 자들에게는 미련한 것이요 구원을 받는 우리에게는 하나님의 능력이라(고전 1:18).

천국은 없다

인간이 생각하는 천국은 없습니다. 물론 내가 믿는다는 하나님도 가짜입니다.

이 세상 신, 거짓의 아비가 제대로 속이고 있죠. 그래서 이 거짓을 아는 것이, 내가 마귀에게 속고 있다는 것을 아는 것이 성도의 구원입니다.

왜냐하면, 죄를 짓게 하는 마귀는 결국 언약을 이루기 위한 도구이기 때문입니다. 개인 용도의 천국이란 없습니다. 개인 구원은 없습니다.

주님께서는 사람들이 납득할 수 없는 방식으로 사람을 구원하십니다. 그것이 바로 십자가입니다. 십자가를 들여다보면 인간들이 아주 싫어하는, 거부감이 들며 꼴도 보기 싫어하는 내용, 증거들로 가득 차 있습니다. 다 죄라고 하니까요.

예수님만 있음, 즉 존재라고 합니다. 우리를 너무나 무시합니다. 죄 짓고 살라고 합니다. 도대체 이것이 무슨 방식인 건지 말도 안 되는 것입니다.

그러나 그 십자가를 가지고 예수님은 천국 갈 사람을 지옥에 갈 사람으로부터 격리시키십니다. 자신의 어떤 대단한 깨달음이나, 신비한 체험을 자랑하지 못하게 하십니다.

구원이란 깨달음이 아니라 오직 예수님의 공로이기 때문입니다.

양과 이리

우리에게 가장 소중한 것은 '예수님의 피'입니다.

여러분은 자기를 위하여 또는 온 양 떼를 위하여 삼가라 성령이 그들 가운데 여러분을 감독자로 삼고 하나님이 자기 피로 사신 교회를 보살피게 하셨느니라 내가 떠난 후에 사나운 이리가 여러분에게 들어와서 그 양 떼를 아끼지 아니하며 또한 여러분 중에서도 제자들을 끌어 자기를 따르게 하려고 어그러진 말을 하는 사람들이 일어날 줄을 내가 아노라(행 20:28-30).

피를 앞장세운다는 것은 뭘 해도 다 악하고 죄라는 것입니다.

그런데 사나운 이리들은 피를 치워버리고 고상하게 말씀대로 살면서 자기 말을 들으라고 하는데 그것은 결국 자기의 종을 만들려고 하는 악마의 짓입니다.

말씀이 주어진 것은 말씀대로 살라고 하는 것이 아니라 예수님을 증거하는 것인데 도대체 그 말의 의미가 뭔지를 모르는 것입니다.

성경을 그렇게 헷갈리게 기록한 이유는 자기 백성이 아니고는 다 지옥에 보내려고 하기 때문입니다 (마 13:14-15).

예수님께서 자기 백성들에게 귀히 여기는 것은 '당신의 피'뿐입니다.

오늘 하루

오늘도 하루를 살면서 볼 것은 딱 한 가지입니다.

이미 받은 구원이 나의 행함과 연결되지 않고 예수님의 피로 되었음을 보는 것입니다. 그래서 죄가 늘어남을 보게 되는 동시에 그 크신 사랑을 찬송하게 되는 것입니다.

살면서 이런저런 경험이 많아지면서 그것도 죄였음을 발견하게 되는 것입니다. 그렇게 우리는 죄 짓는 것 외에 할 줄 아는 게 아무것도 없습니다.

지금 눈을 깜빡이는 것도, 숨을 쉬는 것도, 여러 가지 드는 생각도, 온 마음도 모두 죄를 지으려고 준비하는 것이 아니겠습니까?

있지도 않은 내 마음에 충실하고자 하는 모든 행위들이 다 살인, 사기가 아닙니까?

이렇게 모든 것이 죄였음을 아는 것보다 즐거움은 없습니다. 이것이 수고하고 무거운 짐을 내려놓는 가벼움이며 범사에 감사입니다.

죄를 알게 하려고 오늘도 코에 호흡을 주셨고, 이런 환경이 조성되었으며, 가난하거나 부하게 되었고, 일을 하게 되는 것입니다.

그 죄를 알게 하시려고 지금 그 일이 주어진 것입니다. 그래서 죄를 보게 되었다면 그것으로 끝입니다. 그것이 '은혜'입니다.

눈치

우리는 오늘도 내가 원하는 대로 살아갈 것입니다.

만약 하나님의 존재를 인식하여 그분을 위해 예배도 드리고, 성경도 읽고, 기도도 한다면 그것 또한 내가 원하는 대로 살아가는 일부분일 뿐입니다.

우리는 한 번도 빠지지 않고 나 자신을 위해 살아왔으며 앞으로도 그럴 것입니다. 그냥 내가 싫으면 싫고, 내가 좋으면 좋은 겁니다.

다 내가 원했을 때만 무슨 행동이든 했던 것입니다. 남을 위해 살아도 나를 위해 사는 것이며, 뭘 해도 내 감정과 기분으로 내가 원하는 대로 오늘도 살 것입니다.

그런 우리는 단 한 번도 하나님께 관심을 가져본 적이 없습니다. 오직 나에게만 관심을 가졌을 뿐입니다. 그런 나에게서 나올 것은 그냥 죄밖에 없습니다.

"나는 예수님을 믿고 사랑해! 나는 하나님의 자녀야!"

그러기에 의롭고 선한 것이 나올 수 있다고 생각한다면, 그 사람은 죄와 의를 구분하면서 죄는 버리고 의로운 것을 행하는 쪽으로 움직이게 될 것입니다. 그것이 바로 예수님의 용서, 의를 짓밟는 것이 되는 것입니다.

그러나 예수님의 용서를 아는 성도는 자신에게서는 죄밖에 나올 것이 없음을 아는 사람입니다. 그래서 예수님의 피 공로만을 의지하게 됩니다.

성도는 항상 실패하고 넘어지는 자신의 부족함을 보고 부끄러운 자로 십자가 앞에 나올 수 있어야 합니다. 그때가 바로 하나님께 가장 가까이 있을 때입니다. 그리고 이러한 실패와 부끄러움이 예수님을 증거하는 행함이 되는 것입니다.

주님께서 오늘도 우리를 죄가 드러날 수밖에 없는 환경과 상황으로 밀어 넣으실 것입니다. 그 불편한 환경에 항의할 어떤 자격도 우리에겐 없습니다.

이렇게 우리는 내가 원하는 대로 살지만 사실은 주님께서 원하시는 대로 살고 있음을 성도만 눈치 챌 수 있습니다.

지옥

어디를 가나 정말 싫은 사람이 있죠?
꼴도 보기 싫은 사람 말입니다.
그래서 그 사람이 싫어서, 곁에 있는 것도 싫어서 피한다면?
그 사람이 있어서 만약에 그곳에 가지 않는다면?
그곳이 가정이든, 교회든, 직장이든, 어디든!
그렇기 때문에 그 꼴도 보기 싫은 사람이 있어 줘야 하는 것입니다.
그래서 그 사람이 있는 것입니다. 그래야 나의 못난 죄인된 모습이 드러나기 때문입니다.
오늘도 나는 나밖에 모른다는 절차를 밟으십시오!
맨날 눈만 뜨면 내 이름의 영광만을 목적으로 두고, 그것만 노리고 사는 이기주의, 자기 자랑만 일삼는 그 모습 ….
꾸준히 지치지 말고 그렇게 하십시오!
오히려 자랑을 안 하는 것이 더 수상합니다. 그래서 나는 결단코 천국에 못 간다는 통보를 받으시길 바랍니다.

지옥에 갈 내 모습을 오늘도 발견하고 깨닫는 최고의 체험이 있기를 바랍니다. 내가 지옥에 간다는 것을 모른다면 예수님의 피로 인한 기쁨도 알 수가 없습니다.

가자 집으로

'부재의 고통'이 곧 사랑입니다. 부재는 그곳에 있지 않다는 뜻입니다.

그 부재 시(時) 아픔과 고통의 양이 곧 사랑의 양입니다.

그러므로, 아무리 사랑한다 말해도 아무 소용없습니다.

> 유월절 전에 예수께서 자기가 세상을 떠나 아버지께로 돌아가실 때가 이른 줄 아시고 세상에 있는 자기 사람들을 사랑하시되 끝까지 사랑하시니라(요 13:1).

> 증언하신 이가 이르시되 내가 진실로 속히 오리라 하시거늘 아멘 주 예수여 오시옵소서(계 22:20).

성도의 소원은 사랑하는 주님을 그리워하며 세상을 후딱 떠나고 싶어하는 것입니다. 부재 중 고통의 양이 곧 사랑입니다.

엎드려 비는 말 들으소서 내 진정 소원이 내 구주 예수를 더욱 사랑 더욱 사랑.

여전히 나만 사랑하고 있을 때 주님의 음성을 들으시길 바랍니다.
"가자 집으로! 너 나 안 보고 싶어?"

연속성과 불연속성

'연속성'이란 끊어지지 않고 쭉 이어지거나 지속되는 성질이나 상태를 말합니다. 반대로 '불연속성'은 연속성이 없는 성질을 말합니다.

주님의 존재와 그분이 하시는 일은 언제나 연속성으로 나타나지만 우리의 입장에서는 늘 불연속성으로 나타납니다.

그래서 영의 인도함을 받는 성도들은 자기로부터 시작되는 모든 연속성을 부인합니다.

계속해서 내가 어떻게 살아야 할지, 내일은 어떻게 될지, 믿음을 지킬 수 있을지 걱정한다는 것은 자기 연속성을 억지로 주장하고 있다는 것입니다.

쉽게 말해서, '나의 믿음 없음에 대한 폭로'라는 불연속성이 '주님의 일하심'이라는 연속성과 관련되는 것입니다.

우리가 어제 서로 알았다고 해서 오늘도 아는 사이가 아닙니다. 눈을 뜨고 만나는 어제 봤던 그 사람이 오늘도 아는 사이가 아니란 말입니다. 내 쪽의 시작은 전부 거절, 단절되어야 합니다.

그리스도 예수 안에 있다는 것은 나의 독자적인 자기 일은 날아가 버렸다는 것입니다. 그래서 내가 밥을 먹는 것도, 공부하고, 일하고 운동하는 것도 모두 나의 일이 아니라 주님의 일이 되는 것입니다.

자꾸만 연속성을 유지하고 싶어하는 것을 죄라고 하는 불연속성이라는 단절(십자가)이 자주 눈 앞에 보이는 것이 은혜입니다. 은혜의 복음이란 불연속성의 유지가 주님의 연속성에 합류되는 것입니다.

> 어리석도다 갈라디아 사람들아 예수 그리스도께서 십자가에 못 박히신 것이 너희 눈 앞에 밝히 보이거늘 누가 너희를 꾀더냐(갈 3:1).

쓰레기

"그럼 아무것도 하지 말라는 겁니까?"

이 질문은 복음을 제대로 듣게 되면 반드시 하게 되는 소리입니다. 아무것도 하지 않는 자유가 얼마나 좋은데! 이것을 도대체 설명할 길이 없습니다.

사람들이 복음을 듣고 "그럼 아무것도 안 해도 되네요?"

이렇게 질문하는 것은 어렸을 때부터 노동을 해서 생겨난 세뇌의 반응입니다.

모든 것은 노동의 결과라는 세뇌의 말입니다. 아닙니다. 예수님께서 홀로 다 해 주셨습니다.

우리가 오죽 못났으면 대신 다 해 주셨겠습니까?

우리는 그냥 할 수 있는 일이 죄 짓는 것밖에 없습니다. 그러니까 그냥 죄 짓고 살라는 것입니다. 우리는 하루하루 쓰레기와 같은 죄를 풀어내며 살아가는 것입니다. 그리고 주께서는 그 쓰레기를 수거하십니다. 그리고 또 다른 쓰레기를 발견케 하십니다.

이렇게 우리는 죽을 때까지 쓰레기 짓을 하며 살아가면서 "이래서 구원하셨구나!"를 주께 고백하게 되는 것입니다.

  오늘도 내가 어떻게 살아야 하는지에 주목하지 마시고 주께서 대속의 피를 흘리시면서 대신 다 이루심으로 드러나는 나의 쓰레기와 같은 모습 가운데 예수님만이 가장 귀하심으로 다가오는 하루가 되길 바랍니다.

열매

"왜 성령이 하시는 일도 무시하느냐?"

복음을 전하면 이렇게 반발이 일어납니다. 이 말을 하는 자에게 해줄 말은 이렇습니다.

"당신의 열매가 아니라 성령의 열매입니다."

나의 행함과 아무런 상관없이 구원은 십자가만으로 이루어진다는 것을 다른 사람들이 볼 때 성령의 열매라고 합니다.

내가 행한 것을 무시하지 않으면 그것은 육의 열매가 됩니다. 시기하고, 질투하고, 거짓말하고, 당을 짓고, 미워하는 마음은 한마디로 나를 무시하지 말라는 것입니다.

그러나 성령 안에서의 삶은 자신의 행함, 자신의 직업이 무시되는 즐거움을 만끽하며 사는 것입니다.

열매를 맺는 삶이란 내가 죄인이 되는 것입니다. 열매란 최종물입니다. 가지가 생기고 잎이 자라서 꽃이 핀 후에 열매가 맺히는 것입니다.

> 오직 성령의 열매는 사랑과 희락과 화평과 오래 참음과 자비와 양선과 충성과 …(갈 5:22).

열매라는 최종 결과물을 위하여 가지와 잎, 꽃이 있는 것처럼 내가 죄인이어야 열매가 사랑이 되고, 희락과 오래 참음이 되는 것입니다.

열매는 성령이 맺는 것이지 내가 맺는 것이 아닙니다. 그런데 자꾸 내가 열매를 맺어야 한다고 말하는 자들에게는 그렇게 하라고 하면 됩니다. 주님은 절대 속지 않으십니다.

모든 말씀과 삶에서 유일한 주인공이 되시며 가장 부각이 되는 것은 예수님의 십자가 죽으심뿐입니다.

의미

예수님의 용서 외에 의미 있는 것은 없습니다.

그런데 자꾸만 의미를 찾고 가치를 챙기는 것은 자신의 있음 곧 존재를 확장시키고자 하는 십자가의 원수 짓입니다.

복음은 복음을 위해 '모든 있음'을 무의미하게 만들어 버립니다. 모든 것이 무의미합니다. 그러므로 무엇을 해도 거기다가 의미를 두지 마십시오!

물론 내 스스로 무의미하게 만들 방법이나 능력은 없습니다. 그래서 나의 나 된 것은 은혜입니다.

네가 뭘 해도 의미 없다는 말이 가볍게 느껴진다면 성도입니다. 이것이 예수님의 용서만을 증거하는 내가 부인되는 나의 나 됨의 모습입니다.

그러나 네가 뭘 해도 의미 없다는 말이 너무나 싫고 서글프다면, 그것은 여전히 이 세상에서 의미 찾기를 하고 있는 방황하는 자, 자기 갈 길을 가고 있는 '진노의 그릇'입니다.

성도는 자신이 뭘 해도 의미 없다는 사실에 가벼움을 느낍니다. 그러므로, 담대합니다. 왜냐하면, 앞으로 할 것들도 미리 의미가 없음을 앞당긴 천국을 이미 살고 있기 때문입니다.

그래서 성도는 오직 예수님의 용서에만 감사하는 '긍휼의 그릇'으로 사는 것입니다.

십자가에서 피 흘리신 예수님의 용서만이 의미가 있으면 되지 않습니까?

종착지

"내가 깨달아지고 알게 된 것이 있지 않습니까?"
그게 죄입니다.
왜냐하면, 그 알게 된 나는 바로 알고 넌 모른다로 가기 때문입니다. 물론 맞는 말입니다. 그러나 그 앎은 반드시 자기 자랑, 자기 합리화로 가기 때문에 죄인 것입니다.

영의 인도함은 자신이 죄인의 괴수임을 아는 '자기 부인'(self-denial)인 것이지, 내가 안다고 자랑하는 것이 아닙니다.

그래서 우리의 앎은 주님이 보시기에 모른다는 항목에 포함되어 있는 것입니다. 주님만이 모든 것을 아시고 자신의 피로 갈라 버리십니다.

여기저기 정보 수집을 하면서 옳다며 머물게 된 그곳이 하나님의 인도하심이 아닙니다. 하나님의 인도하심은 죄인임을 드러내는 것입니다.

종착지는 오직 십자가밖에 없습니다.

통고

하나님께서 나를 찾아오신 것은 개인 구원이나 나의 처지, 형편, 변명을 듣고자 함이 아닙니다.

내가 만들어진 이유와 역할이 무엇인지 알려 주시려고 찾아오신 겁니다.

내가 원치 않게 태어났고 원치 않게 죽듯이 나의 원함과는 상관없이 하나님의 일에 참여되었음을 통고하려고 찾아오신 것입니다.

통고입니다. 처음부터 인간은 자신을 위한 개인적인 일은 허락되지 않았습니다. 오로지 언약 곧, 하나님의 형상이 되시는 예수님을 증거하기 위한 용도로 지음을 받았고 부름을 받은 것입니다.

구원은 언약을 이루기 위한 소재, 배치물 역할을 하는 것입니다.

복음 전도

어떤 사람이 복음을 전한다?

사람은 복음을 전하면서도 자기에게 주목하는 죄를 짓게 되지만, 그 죄를 주님께서는 용서해 주셨습니다.

그래서 복음을 전하는 주체는 오직 십자가를 지신 예수님뿐이라는 것이 증거됩니다.

오직 예수님만 자기의 복음을 증거한다는 것을 드러내기 위해서 어떤 사람이 복음을 전하는 죄를 짓도록 만드시는 것입니다.

다시 말해, 다 죄인이고 복음은 예수님께서만 전하신다는 것입니다. 복음을 전한다는 그 인간이 죄인인데 예수님께서 그 죄를 용서해 주셨으니 결국 복음은 예수님만 전하신다는 것입니다.

오늘도 예수님께서는 자신의 복음을 전하십니다. 그리고 성도만이 그 복음에 참여하는 복을 누리게 됩니다.

> 내가 복음을 위하여 모든 것을 행함은 복음에 참여하고자 함이라(고전 9:23).

원인

이 세상의 모든 것들이 그로 말미암아 창조되었다는 것은 역사의 원인(原因)이 예수님이시라는 것입니다.

그분을 위하여 부정되고 사라질 모든 것들이 창조되었습니다.

그러므로, 예수님을 알지 못한다면 우리는 늘 방황하게 됩니다. 그 무엇을 다 해 보아도 우리 삶에는 절대 만족이 없을 것입니다.

창조의 목적인 예수님을 제대로 알고 믿는 사람만이 어떤 상황에서도 자유할 수 있습니다.

진정한 안식을 누릴 수 있습니다. 이것이 복입니다.

> 만물이 그에게서 창조되되 하늘과 땅에서 보이는 것들과 보이지 않는 것들과 혹은 왕권들이나 주권들이나 통치자들이나 권세들이나 만물이 다 그로 말미암고 그를 위하여 창조되었고 또한 그가 만물보다 먼저 계시고 만물이 그 안에 함께 섰느니라(골 1:16-17).

모든 원인을 예수님께!

승리

"누구를 이기고 싶습니까?"
"예수님이 이기셨는데 왜?"
"왜 이기려고 하십니까?"

> 이것을 너희에게 이르는 것은 너희로 내 안에서 평안을 누리게 하려 함이라 세상에서는 너희가 환난을 당하나 담대하라 내가 세상을 이기었노라(요 16:33).

예수님께서 세상을 이기셨다는 말씀은 가짜인 세상과 나의 모습을 폭로시켰다는 것입니다.
'진짜 나'이신 예수님을 공격하고 살해했다는 가짜 나의 낯짝이 만천하에 공개되는 것이 예수님께서 십자가로 세상을 이기셨다는 뜻입니다.

> 통치자들과 권세들을 무력화하여 드러내러 구경거리로 삼으시고 십자가로 그들을 이기셨느니라(골 2:15).

예수님께서는 강제로 세상 가면을 벗기지 않으십니

다. 아무리 말씀해도 그 말을 들을 인간은 아무도 없기 때문입니다.

나와 세상이 예수님을 죽이면서 진짜 자신의 참 모습을 알게 하는 방식이 예수님의 승리하심입니다. 이렇게 예수님을 공격하고 죽인 자가 바로 나임을 알게 하시는 것이 예수님께서 세상을 이기셨다는 의미입니다.

누구를 기어코 이기려고 하는 것은 나는 예수님을 살해한 가짜라는 증거입니다. 그렇게 나의 가짜 민낯이 공개되는 것이 승리입니다.

벌

우리 사는 것이 지은 죄에 비해서 벌이 너무 가볍다는 것을 아셔야 합니다. 너무 봐주시는 것에 대해서 감사하셔야 됩니다.

벌을 받아야 할 우리인데 햇빛과 공기, 비를 주시고 일용할 양식도 주십니다.

큰 구원은 말할 수 없는 기적입니다.

> 우리가 이같이 큰 구원을 등한히 여기면 어찌 그 보응을 피하리요 이 구원은 처음에 주로 말씀하신 바요 들은 자들이 우리에게 확증한 바니(히 2:3).

예수님의 희생 때문에 오늘도 숨을 쉬고 땅을 디딜 수 있음에 감사하십시오!

자유함

구원 받은 자 곧 성도의 특징은 '자유함'입니다.

자유함이 없는 삶의 태도는 구원 받은 자의 삶의 표징이라 할 수 없습니다. 예수님께서 자유케 하신 그 자유를 마음껏 누리는 것이 복음을 제대로 아는 성도의 생활 태도입니다.

성도는 이미 자유하기 때문에 어떤 집단이나 사람에게 매이지 않으며, 남의 종도 기꺼이 될 수 있으며, 세상 가치 기준에도 연연하지 않으며, 좀 손해를 보고 져도 괜찮은 자유의 존재입니다.

이러한 초월적 자유성이 복음을 이해하는 성도의 특징입니다.

그런데 이 자유함에 인간의 도덕, 윤리성을 집어넣으려고 하는 것은 십자가 공로에다 자기 공로도 첨부 시키려는 악마적 발상입니다.

> 그리스도께서 우리를 자유롭게 하려고 자유를 주셨으니 그러므로 굳건하게 서서 다시는 종의 멍에를 메지 말라(갈 5:1).

혼자

혼자 살면 지옥에 갑니다. 가정이 있지만, 직장 동료가 있지만, 사랑하는 사람이 있지만, 지금도 누군가와 함께 있지만 혼자 지내고 있으면 지옥에 갑니다.

또한 예수님을 믿는다 말하고 예수님을 믿는 집단에 속해 있다 하더라도 혼자 살면 지옥에 갑니다.

자기 혼자만 중요하고, 모든 것을 자기 스스로 결정 내리고, 책임을 지려하는 것이 혼자 사는 사람의 모습입니다.

함께 살아야 천국에 갑니다. 주위에 많은 사람과의 관계가 '함께'가 아닙니다. 함께는 예수님과 함께입니다.

함께는 성령세례, 연합, 예수님과 십자가에 함께 못 박혀 죽고 산 자, 십자가의 피를 증거하기 위하여 택함, 부르심, 구원을 받은 긍휼의 그릇을 의미합니다.

나는 뭘 해도 죄인임을 알고, 이것까지도 죄인 것을 지적받고, 내가 하는 모든 생각과 말이 더러운 죄라는 것을 아는 것이 그 죄를 용서하시는 피 흘리신 어린 양 예수님과 함께 사는 천국 백성의 모습입니다.

술

복음을 듣게 되면 율법적 삶이 드러나면서 소위 신앙적 행위의 혼동이 오게 됩니다.

'술'을 한 예로 들어보자면, 이것은 다른 부분에서도 적용시킬 수 있을 것입니다.

복음을 들으니 술을 마시게 되었다?

이것은 들려진 복음의 내용 때문이 아니라 그동안 술을 마시고 싶어했던 욕망으로 인해 마시게 된 것입니다.

그동안에는 술을 마시면 죄라는 법으로 인해 억제하고 있었을 뿐이고, 술을 마시지 않음으로 죄를 짓지 않고 성도로 산다는 만족 때문에 마시지 않았을 뿐입니다.

복음은 성도에게 술을 마시게 하는 것이 아니라 술을 마시든지 마시지 않든지 죄인임을 알게 합니다.

하나님의 말씀은 자신이 어떤 행동을 해도 즉, 뭘 해도 죄인임을 알게 하는 말씀입니다.

이렇게 말하면 "술을 마시든지 마시지 않든지 죄인이니까, 그럼 술을 마시겠다!"라고 한다면, 그것은 복음으로 인해서 예수님을 보는 것이 아니라 여전히 자신을 보는 것입니다.

그리고 열심히 기도하고 나름대로 헌신했을 때가 그립다는 것은 자신이 하나님을 위해 뭔가 하는 것으로 만족과 보람을 누리던 때를 그리워하는 것입니다.

왜냐하면, 그러한 자기 행동에서 믿음을 확인할 수 있기 때문입니다. 이것은 아직 허상인 자아가 들통 나지 않았다는 증거입니다.

죄인으로 드러나고 용서를 받는 것이 십자가입니다. 이것이 믿음의 세계, 성령의 세계입니다. 그렇게 언약의 주인공 되시는 예수님이 존경을 받게 됩니다.

성도는 용서를 받은 것으로 모든 것이 이루어진 것이고, 이미 이루어진 용서를 누리며 살아가는 존재입니다. 이것이 별것 아닌 것처럼 생각되는 것은 용서 받았음을 정보로, 머리로만 생각하는 것으로 다 됐다고 여기기 때문입니다.

겨우 무엇을 하고 안하는 것으로 생각하는 것은 여전히 자기중심인 것입니다.

복음의 삶은 성령으로만 가능합니다. 무엇을 해도 다 예수님 안에서 한 것입니다.

예상

예상하지 마십시오!
기대하지 마십시오!
욕심부리지 마십시오!
오늘 하루만 사시길 바랍니다.
무슨 일을 할 때 무엇을 예상하여 기대하거나 욕심부리지 말고 그 현장에서 주님의 지시를 생각하십시오!
내 생각은 전혀 쓸모가 없습니다. 나를 위한 삶은 없기 때문입니다.
오늘 예수님을 위하여 주어진 하루만 그냥 사시면 됩니다.

> 그러므로 내일 일을 위하여 염려하지 말라 내일 일은 내일이 염려할 것이요 한 날의 괴로움은 그 날로 족하니라(마 6:34).

책임

하나님은 인간의 책임을 배제하고 자신의 언약을 이루십니다.

인간의 책임을 강조하는 사람들이 있습니다. 은혜를 앞세우는 것처럼 포장해서 인간의 책임을 가르치는 데 그것은 자기기만이며 십자가의 원수가 되는 짓입니다.

인간이 감당할 책임이라면 저주밖에 없습니다. 그런데 그 책임을 예수님께서 담당하셨기 때문에 남는 것은 무조건적인 은혜뿐입니다.

은혜에 대한 책임을 져야 한다면 예수님의 십자가 공로만 높이고 자랑하는 것입니다.

하지만, 그것도 인간의 힘으로 책임지는 것이 아니라 성령께서 책임지시고 하시는 일이기 때문에 인간이 책임질 부분은 없습니다.

그런데도 끝까지 인간의 책임을 주장한다면 죄의 책임을 지고 심판을 받으면 됩니다.

이웃 사랑

사적인 관계 곧 이익 관계에서는 사랑이란 없습니다. 그래서 이웃 사랑 자체가 죄가 되는 것입니다.

그러므로 이웃을 사랑하지 마십시오!

지옥 같은 세상을 살아가는 방식인 이익 관계 속에서 누가 누구를 사랑한다는 말입니까?

복음을 전하는 것이 최고의 이웃 사랑입니다.

"당신은 죄인입니다!"라고 하는 것이 이웃 사랑이지, 세상적인 욕심을 채워 주는 것이 이웃 사랑이 아닙니다.

> 이 세상이나 세상에 있는 것들을 사랑하지 말라 누구든지 세상을 사랑하면 아버지의 사랑이 그 안에 있지 아니하니(요일 2:25).

돈

사탄의 모습을 성경에서는 양의 모습을 하고 있고 천사와 같이 보인다고 묘사하고 있습니다. 그래서 외적으로는 사탄의 일꾼을 분별하기가 어렵습니다.

하지만, 구분을 한다면 그 결론을 봐야 합니다.

예수, 십자가, 성경적, 거룩, 언약은 마귀도 압니다.

"제가 말씀을 전했으니 여러분들은 저에게 돈을 제공해야 합니다."

이게 마귀입니다.

돈을 벌려고 복음을 전하는 목사들이나 교회, 신학교, 선교 단체들은 사탄의 회당입니다.

성도는 언약의 말씀으로 하루만 주어진 대로 살다가 죽는 자들입니다.

구별

　성도와 성도가 아닌 자의 구별은 이렇습니다. 성도는 그리스도의 존재를 늘 의식합니다. 성령을 받았기 때문입니다.

　그리스도의 존재를 의식한다는 것은 사는 것이 내 중심이 아니라는 것입니다. 내 자존심이 중심이 아니라는 것입니다. 이것이 성도의 특징입니다.

　그러나 성도가 아닌 자는 늘 혼자 삽니다. 자기 인생을 자기가 책임지고 관리하려는 자는 본인이 주체가 된 '혼자'입니다. 매사가 자기 자존심이 중심입니다.

　예수님을 믿어도, 교회를 다녀도, 여러 사람과 교제를 나눠도 늘 혼자입니다. 혼자 살면 지옥에 갑니다.

　천국은 예수님과 함께 사는 것입니다.

똥개

똥개는 "예! 예!"만 잘하면 됩니다. 그리스도 안에서는 좋은 일, 나쁜 일이란 없기 때문입니다.

> 여자가 대답하여 이르되 주여 옳소이다마는 상 아래 개들도 아이들이 먹던 부스러기를 먹나이다(막 7:28).

모두가 개소리를 짖어댑니다. 십자가를 자랑하지 않는 것은 모두 다 개소리입니다.

그런데 그런 개소리를 연구한다면 상대방의 존재에 말려듭니다. 그래서 같이 짖어대는 것입니다. 개들과는 대화를 섞지 마십시오!

> 개들을 삼가고 행악하는 자들을 삼가고 몸을 상해하는 일을 삼가라(빌 3:2).

그저 똥개와 같은 나는 주님의 말씀에 "예! 예!"만 하면 됩니다.

하나님의 약속은 얼마든지 그리스도 안에서 예가 되니 그런즉 그로 말미암아 우리가 아멘 하여 하나님께 영광을 돌리게 되느니라(고후 1:20).

오직 예수님만 나의 주인님이십니다!

체험

구원은 예수님을 위한 구원이지 나를 위한 구원은 없습니다. 그래서 내가 어떤 체험을 해서 구원을 받았다고 하는 것은 자기의 개인 구원에 미쳐있는 언약 밖의 사람입니다.

어떤 신비적인 체험을 좋아하는 부류들이 있습니다. 그러한 자신의 체험들은 자신을 저주하는 것이 아니라 오히려 자기를 긍정하고 과시하게 만듭니다. 그래서 십자가의 원수인 것입니다.

구원은 나의 체험이 아니라 오직 십자가로만 받습니다. 십자가 구원은 모든 것이 다 죄이며 저주라는 것입니다. 바로 나는 무엇을 해도 '죄인 괴수'라고 고백하는 것이 예수님을 위해 구원을 받은 자의 모습입니다.

그래서 십자가를 지신 예수님의 공로로 직접 구원함을 받은 자는 오직 십자가만 자랑합니다.

> 어리석도다 갈라디아 사람들아 예수 그리스도께서 십자가에 못 박히신 것이 너희 눈 앞에 밝히 보이거늘 누가 너희를 꾀더냐(갈 3:1).

기쁨

'복음, 진작에 알았으면 더 좋았겠다. 이 복음이 너무 기쁘다.'

이 복음을 진작에 알았으면 하는 생각, 이것은 탐심입니다.

그 기쁨?

거짓말입니다. 연기를 하고 있는 거죠. 자기 기만에 빠져 있는 것입니다.

복음 앞에서는 내가 옛날보다 더 흉악하고 저질임을 순간순간 발견하는 것입니다. 이 정도까지 흉측한 죄인임을 새삼 발견하게 되는 것입니다.

그렇게 죄인이 된 것에 기쁘고 죄인으로 만들어 주셔서 내가 아무것도 아닌 것에 즐겁고 좋은 것이 복음입니다.

귀신과 교제

무릇 이방인이 제사하는 것은 귀신에게 하는 것이요 하나님께 제사하는 것이 아니니 나는 너희가 귀신과 교제하는 자가 되기를 원하지 아니하노라(고전 10:20).

이방인의 제사는 자기가 원하는 것이 이루어지기를 구하는 것이 그 특징입니다. 늘 무엇을 원하는 '자기'라는 주체가 살아 있다고 여기고 사는 것을 귀신과의 교제라고 합니다.

그러니까 아무리 예배당에 앉아 있어도, 내가 하나님을 믿는다 하여도, 내가 원하는 것을 가지고 나온다면 그것은 귀신과 교제하고 있는 것입니다.

돈을 벌기 위해 열심히 일하고, 구원을 받으려고 교회, 종교 생활에 애를 쓰는 것은 주님과 전혀 상관없는 우상 숭배일 뿐입니다. 그냥 귀신과 교제하고 있는 것입니다.

"나는 너희가 귀신과 교제하는 자가 되기를 원하지 아니하노라."

주님의 이 외침이 들리십니까?

주님께서는 "나와 사귀자!"라고 외치고 계십니다.

주님과의 교제는 주님의 피와 몸에 직접 참여하는 것입니다.

> 우리가 축복하는 바 축복의 잔은 그리스도의 피에 참여함이 아니며 우리가 떼는 떡은 그리스도의 몸에 참여함이 아니냐(고전 10:16).

피와 몸은 누군가 죽었다는 것입니다. 바로 예수님께서 죽으셨다는 것이고 바로 내가 죽었다는 것입니다. 내가 원하는 것 때문에 예수님은 죽으셨습니다. 그런데 그분이 우리를 용서하셨습니다.
"나와 사귀자!"

고통

나보다 고통스러운 사람은 없는 것처럼 보입니다. 내가 제일 불행하고 힘들어 보입니다. 누구에게나 자기의 삶이 가장 잔인하게 느껴집니다.

내 손톱 밑에 낀 가시가 온 몸에 화상을 입은 사람의 고통보다 크다고 생각하는 게 인간입니다.

이러한 생각은 자기가 자기 삶을 책임지려는 죄인의 심보에서 나옵니다. 내가 따로 마련한 내 인생이 있다고 우기는 것입니다.

이것이 혼자 사는 사람들의 특징입니다.

인생은 그냥 먼지입니다. 태어났으면 고생하다 죽는 것입니다.

그런데 그런 별 볼일 없는 먼지를 십자가를 지시기까지 사랑하신 예수님을 깊이 생각하십시오!

나만 힘들다고 하지 마시고 주께서 힘들게 주신 은혜를 기억하시길 바랍니다.

막 사세요

예수님은 주님이십니다!

그 주님께 모든 것을 맡기고 주어진 대로 사십시오! 그냥 사세요!

주어진 대로 그냥 산다는 것은 항상 결과선에서 평가를 해야 합니다. 이것을 원인선에 투입하면 안 됩니다.

그 누가 자기가 주체가 되어 주어진 대로 살 수 있겠습니까?

다 지나고 보니 '내가 주님을 위해 산 것이 아니라, 나는 내가 원하는 대로 그냥 막 살았었구나. 그렇게 죄인으로 주어진 대로 산 것이었구나!'를 깨닫게 되는 것입니다.

이렇게 피동적으로 주님에 의해 이용당함에 감사하는 것이 예수님을 주로 믿는 성도의 믿음입니다.

오늘도 주님께 모든 것을 다 맡기고 주어진 대로 그냥 사십시오!

이 내용을 알아듣는다는 것은 나 자신에게 별 의미, 관심을 두지 않는다는 기적입니다. 은혜입니다.

유명

불에 탈 세상에서 유명해지려고 하지 마십시오!

유명해지겠다는 것은 내 공로를 높이겠다는 것입니다. 그것은 '십자가의 원수' 짓입니다.

있는 바를 족한 줄로 아십시오! 혹시 먹을 것이 떨어졌다면 죽을 때가 됐다는 것입니다.

> 돈을 사랑하지 말고 있는 바를 족한 줄로 알라 그가 친히 말씀하시기를 내가 결코 너희를 버리지 아니하고 너희를 떠나지 아니하리라 하셨느니라(히 13:5).

영생을 받았다면 받을 것을 다 받은 것입니다.

다른 것이 뭐가 필요하겠습니까?

혹시 이 말에 자기를 다른 사람과 비교하여 자신에게 없는 것을 원망한다면 그것은 아직도 먼 것입니다. 아니면 아직 영생을 받지 못해서 그런 것일 수도 있습니다.

"나는 없더라도 언약만 있으면 됩니다!"

이것이 영생을 누리는 것입니다.

죄인 유지

'원인과 결과'는 사랑입니다. 또한 원인과 결과는 저주입니다.

저주는 다른 것이 아니라 내가 주체가 된 원인과 결과 속에서 사는 것입니다. 내가 원인에 관여하고 조종함으로 결과를 만듭니다. 그렇게 만들어졌다가 저주가 됩니다.

내가 잘못했기에 이런 고통이 주어졌다는 것과 내가 잘했기 때문에 이런 행복을 누리게 되었다는 것입니다. 이것이 바로 저주 가운데 있다는 증거입니다.

실상은 원인의 위치에 예수님이 계십니다. 그리고 '나'는 결과가 됩니다. '끝까지 사랑'이 바로 원인입니다. 그리고 최종 결과이기도 합니다.

> 유월절 전에 예수께서 자기가 세상을 떠나 아버지께로 돌아가실 때가 이른 줄 아시고 세상에 있는 자기 사람들을 사랑하시되 끝까지 사랑하시니라(요 13:1).

모든 것이 주님의 사랑이었습니다. 처음부터 우리는

십자가의 피 사랑 안에 담겨 있었습니다.

그래서 '죄인 유지'(罪人維持)가 사랑인 것입니다.

나를 없애려 하지 말고 그냥 두고 죄인으로 보면 됩니다. 이것이 원인과 결과라는 저주에서 벗어나는 십자가의 비밀입니다.

비밀은 나를 계속 죄인으로 가둬 놓는 하나님의 지혜입니다.

> 하나님이 모든 사람을 순종하지 아니하는 가운데 가두어 두심은 모든 사람에게 긍휼을 베풀려 하심이로다 (롬 11:32).

그것이 내가 없는 삶, 새롭게 변화된 피조물, 주님의 강권하시는 사랑 안에서 사는 것입니다.

예수님만 공경

모든 불만은 내가 절대자가 되지 못하기 때문입니다. 선악과를 입에 문 나는 '신'이기에 내가 원하는 대로 살고 싶은데 그게 안 된다는 것입니다.

인생의 모든 불행은 자신을 신으로 여기기 때문입니다. 이렇게 정신을 못 차리는 정신병자 피조물을 죽이시고 십자가 정신으로 사는 새로운 피조물로 재창조하신 분이 예수님이십니다.

> 그런즉 누구든지 그리스도 안에 있으면 새로운 피조물이라 이전 것은 지나갔으니 보라 새 것이 되었도다 (고후 5:17).

예수님과 같은 분은 없습니다. 예수님만 절대자이십니다. 예수님만 대단한 존재이십니다.

하나님은 인간에게 관심이 없습니다. 언약의 주인공이신 예수님에게만 관심이 있으십니다, 그래서 예수님만 유일하게 공경할 분이십니다.

이 사실에 박수치고 기뻐하는 '언약 박수 부대'로 동

원된 것을 구원이라 합니다.

> 그가 모든 사람을 대신하여 죽으심은 살아 있는 자들로 하여금 다시는 그들 자신을 위하여 살지 않고 오직 그들을 대신하여 죽었다가 다시 살아나신 이를 위하여 살게 하려 함이라(고후 5:15).

> 이는 모든 사람으로 아버지를 공경하는 것 같이 아들을 공경하게 하려 하심이라 아들을 공경하지 아니하는 자는 그를 보내신 아버지도 공경하지 아니하느니라(요 5:23).

예수님만 공경하면 됩니다.

참여

복음을 아는 사람은 없습니다.

서로 자기가 복음을 안다고 하는데 누구 말이 맞는 것일까요?

인간의 소유욕은 복음까지도 가지고 싶어 합니다.

복음을 가졌다는 것은 복음을 안다는 것인데, 복음을 안다는 것은 나한테 까불지 말라는 것입니다.

그러나 복음은 나는 알고 너는 모른다는 대립 구도를 인정하지 않습니다.

그래서 복음을 아는 사람은 없습니다. 다만 복음이 찾아와서 복음에 참여한 사람만 있을 뿐입니다. 복음을 안다는 것은 욕심이 없다는 것입니다. 모든 것이 감사로 이어지기 때문입니다.

복음 선포

이 세상 모든 것은 예수님을 위하여 만들어졌습니다. 당신도!

> 만물이 그에게서 창조되되 하늘과 땅에서 보이는 것들과 보이지 않는 것들과 혹은 왕권들이나 주권들이나 통치자들이나 권세들이나 만물이 다 그로 말미암고 그를 위하여 창조되었고(골 1:16).

그런데 당신이 그분을 죽였습니다.

> 그런즉 이스라엘 온 집은 확실히 알지니 너희가 십자가에 못 박은 이 예수를 하나님이 주와 그리스도가 되게 하셨느니라 하니라(행 2:36).